Bismillah

1442 AH

(August 2020 - August 2021)

Papatia Feauxzar

DJARABI KITABS PUBLISHING

1442 AH © 2020

This planner belongs to:

_____

"When you do things from your soul, you feel a river moving in you, a joy." — Rumi

«Ils t'interrogent sur les nouvelles lunes - Dis: "Elles servent aux gens pour compter le temps, et aussi pour le Hajj [pèlerinage]... » (Coran 2/189)

For information contact:
Djarabi Kitabs Publishing
P.O. BOX 703733
Dallas, TX 75370
USA
www.djarabikitabs.com

Cover design by Sam Rog
Original Template by R.A. Ignacio
Interior Design by Papatia Feauxzar
Blessings to all the sources used.

ISBN-13: 978-1-947148-32-1
ISBN-10: 1-947148-32-X

First Print Edition: January 2020

10 9 8 7 6 5 4 3 2 1

Happy Muslim Year 1442!

For as long as I can remember, I have been trying to fully reclaim the *hijri* calendar in my daily life and in my writings. Every day, I take small steps toward that goal. I hope that with this calendar, you're also able to reclaim your Muslim identity, time frame, memorize and reflect on the names of Allah as well *insha'Allah*.

Below is a *dua* to read three times on the first day of Muharram or at least within the first three days of the New Muslim Year.

- *Bismillahi ar-rahmaani ar-rahiim. Alhamdullilahi rabbil 'aalameen. Waassalaatu Wassalaamu alaa sayyidinaa Muhammadin wa alaa aalihii wa sahbihii ajma iin. Allahumma antaa'l-abadiyyu'l-kadiim. Al-hayyu'l-kariim. Al-hannaa-nul mannaan. Wa haadhihii sanatun jadiidatun as'aluka fiiha'l-'ismat mina shaytani rajiim. Wal 'awna alaa haadhihinnafsi'l-ammaarati bissuui wa'l-ishti ghaala bimaa yukarribunii ilayka, yaa dhal-jalaali wa'l-ikraam. Birahmatika yaa arhamarraahimiin. Wa sallallaahu wa salam alaa sayyidinaa wa nabiyyinaa Muhammadin wa alaa aalihii wa sahbihii wa ahl-i baytihii ajma 'iin.*

In addition, the Sahabahs (*radiyallahu anhu*) would learn the following *dua* for when the new month or New Muslim Year would begin:

- اللهم أَدْخِلْهُ عَلينا بالأمْنِ وَالإيمانِ وَالسَّلامَةِ وَالإسْلامِ وَرِضْوَانٍ مِنَ الرَّحْمنِ وجوارٍ مِنَ الشَّيْطانِ
- *Allahumma adkhilhu 'alayna bil amni wal iman, was salamati wal islam, wa ridwanim minar Rahman, wa jiwarim minash shaytan*
- O Allah, bring this [month or year] upon us with security, iman, safety, Islam, your pleasure and protection from shaytan. (Al-Mu'jamul Awsat of Tabarani, Hadith: 6237).

I wish you *mubarak* prosperity, growth and health in 1442. *Aameen*.

With love and peace,

Papatia Feauxzar

Jumada-I 29, 1441

(Friday, January 24, 2020)

Allaah (Allah)

MUHARRAM 1, 1442
(WEDNESDAY, AUGUST 19, 2020)

TASKS:	GOALS:
☐	★
☐	★
☐	★
☐	★
☐	★
☐	★
☐	
☐	**I'M GRATEFUL FOR:**
☐	♥
☐	♥
☐	♥
☐	♥

Notes:

"Live every day of the Muslim year like it was a day in Ramadan where it comes easy for you to track the days in the holy month." — *Fofky*

Ar Rahmaan (The Most Gracious)

**MUHARRAM 2, 1442
(THURSDAY, AUGUST 20, 2020)**

TASKS:
- [ ] _____
- [ ] _____
- [ ] _____
- [ ] _____
- [ ] _____
- [ ] _____
- [ ] _____
- [ ] _____
- [ ] _____
- [ ] _____
- [ ] _____
- [ ] _____

GOALS:
★ _____
★ _____
★ _____
★ _____
★ _____
★ _____

I'M GRATEFUL FOR:
♥ _____
♥ _____
♥ _____
♥ _____

Notes:

Most Inspiring Quote:

Ar Rahiim (The Most Merciful)

**MUHARRAM 3, 1442
(FRIDAY, AUGUST 21, 2020)**

TASKS:
- [ ]
- [ ]
- [ ]
- [ ]
- [ ]
- [ ]
- [ ]
- [ ]
- [ ]
- [ ]
- [ ]
- [ ]

GOALS:
- ★
- ★
- ★
- ★
- ★
- ★

I'M GRATEFUL FOR:
- ♥
- ♥
- ♥
- ♥

Notes:

Most Inspiring Quote:

Al Malik (The Ruler)

**MUHARRAM 4, 1442
(SATURDAY, AUGUST 22, 2020)**

TASKS:
- [ ]
- [ ]
- [ ]
- [ ]
- [ ]
- [ ]
- [ ]
- [ ]
- [ ]
- [ ]
- [ ]
- [ ]

GOALS:
★
★
★
★
★
★

I'M GRATEFUL FOR:
♥
♥
♥
♥

Notes:

Most Inspiring Quote:

Al Quddoos (The Most Pure)

**MUHARRAM 5, 1442
(SUNDAY, AUGUST 23, 2020)**

TASKS:	GOALS:
☐	★
☐	★
☐	★
☐	★
☐	★
☐	★
☐	
☐	**I'M GRATEFUL FOR:**
☐	♥
☐	♥
☐	♥
☐	♥

Notes:

Most Inspiring Quote:

As Salaam (The Giver of Peace)

**MUHARRAM 6, 1442
(MONDAY, AUGUST 24, 2020)**

TASKS:	GOALS:
☐ _____	★ _____
☐ _____	★ _____
☐ _____	★ _____
☐ _____	★ _____
☐ _____	★ _____
☐ _____	★ _____
☐ _____	
☐ _____	I'M GRATEFUL FOR:
☐ _____	♥ _____
☐ _____	♥ _____
☐ _____	♥ _____
☐ _____	♥ _____

Notes:

Most Inspiring Quote:

Al Muumin (The Granter of Security)

Most Inspiring Quote:

Al Muhaymin (The Guardian)

MUHARRAM 8, 1442
(WEDNESDAY, AUGUST 26, 2020)

TASKS:
- [ ]
- [ ]
- [ ]
- [ ]
- [ ]
- [ ]
- [ ]
- [ ]
- [ ]
- [ ]
- [ ]
- [ ]

GOALS:
★
★
★
★
★
★

I'M GRATEFUL FOR:
♥
♥
♥
♥

Notes:

Most Inspiring Quote:

Al Azeez (The Almighty)

MUHARRAM 9, 1442
(THURSDAY, AUGUST 27, 2020)

TASKS:
- ☐ _____
- ☐ _____
- ☐ _____
- ☐ _____
- ☐ _____
- ☐ _____
- ☐ _____
- ☐ _____
- ☐ _____
- ☐ _____
- ☐ _____
- ☐ _____

GOALS:
- ★ _____
- ★ _____
- ★ _____
- ★ _____
- ★ _____
- ★ _____

I'M GRATEFUL FOR:
- ♥ _____
- ♥ _____
- ♥ _____
- ♥ _____

Notes:

Most Inspiring Quote:

Al Jabbaar (The Powerful)

MUHARRAM 10, 1442
(FRIDAY, AUGUST 28, 2020)

TASKS:	GOALS:
☐	★
☐	★
☐	★
☐	★
☐	★
☐	★
☐	
☐	**I'M GRATEFUL FOR:**
☐	♥
☐	♥
☐	♥
☐	♥

Event: Ashura

Notes:

Most Inspiring Quote:

Al Mutakabbir (The Majestic)

MUHARRAM 11, 1442
(SATURDAY, AUGUST 29, 2020)

TASKS:
- [ ] _____
- [ ] _____
- [ ] _____
- [ ] _____
- [ ] _____
- [ ] _____
- [ ] _____
- [ ] _____
- [ ] _____
- [ ] _____
- [ ] _____

GOALS:
★ _____
★ _____
★ _____
★ _____
★ _____

I'M GRATEFUL FOR:
♥ _____
♥ _____
♥ _____
♥ _____

Notes:

Most Inspiring Quote:

Al Khaaliq (The Creator)

**MUHARRAM 12, 1442
(SUNDAY, AUGUST 30, 2020)**

TASKS:	GOALS:
☐ _____	★ _____
☐ _____	★ _____
☐ _____	★ _____
☐ _____	★ _____
☐ _____	★ _____
☐ _____	★ _____
☐ _____	
☐ _____	**I'M GRATEFUL FOR:**
☐ _____	♥ _____
☐ _____	♥ _____
☐ _____	♥ _____
☐ _____	♥ _____

Notes:

Most Inspiring Quote:

Al Baari (The Maker)

**MUHARRAM 13, 1442
(MONDAY, AUGUST 31, 2020)**

TASKS:
- [ ] _____
- [ ] _____
- [ ] _____
- [ ] _____
- [ ] _____
- [ ] _____
- [ ] _____
- [ ] _____
- [ ] _____
- [ ] _____
- [ ] _____
- [ ] _____

GOALS:
★ _____
★ _____
★ _____
★ _____
★ _____
★ _____

I'M GRATEFUL FOR:
♥ _____
♥ _____
♥ _____
♥ _____

Notes:

Most Inspiring Quote:

Al Musawwir (The Fashioner of Forms)

**MUHARRAM 14, 1442
(TUESDAY, SEPTEMBER 1, 2020)**

TASKS:		GOALS:	
☐		★	
☐		★	
☐		★	
☐		★	
☐		★	
☐		★	
☐			
☐		**I'M GRATEFUL FOR:**	
☐		♥	
☐		♥	
☐		♥	
☐		♥	

Notes:

Most Inspiring Quote:

Al Ghafaar (The Ever Forgiving)

MUHARRAM 15, 1442
(WEDNESDAY, SEPTEMBER 2, 2020)

TASKS:
- [ ]
- [ ]
- [ ]
- [ ]
- [ ]
- [ ]
- [ ]
- [ ]
- [ ]
- [ ]
- [ ]
- [ ]

GOALS:
★
★
★
★
★
★

I'M GRATEFUL FOR:
♥
♥
♥
♥

Notes:

Most Inspiring Quote:

Al Qahhaar (The Subjugator)

MUHARRAM 16, 1442
(THURSDAY, SEPTEMBER 3, 2020)

TASKS:
- ☐
- ☐
- ☐
- ☐
- ☐
- ☐
- ☐
- ☐
- ☐
- ☐
- ☐
- ☐

GOALS:
- ★
- ★
- ★
- ★
- ★
- ★

I'M GRATEFUL FOR:
- ♥
- ♥
- ♥
- ♥

Notes:

Most Inspiring Quote:

Al Wahhaab (The Bestower)

MUHARRAM 17, 1442
(FRIDAY, SEPTEMBER 4, 2020)

TASKS:	GOALS:
☐	★
☐	★
☐	★
☐	★
☐	★
☐	★
☐	
☐	**I'M GRATEFUL FOR:**
☐	♥
☐	♥
☐	♥
☐	♥

Notes:

Most Inspiring Quote:

Ar Razzaaq (The Ever Provider)

MUHARRAM 18, 1442
(SATURDAY, SEPTEMBER 5, 2020)

TASKS:
- ☐ _____
- ☐ _____
- ☐ _____
- ☐ _____
- ☐ _____
- ☐ _____
- ☐ _____
- ☐ _____
- ☐ _____
- ☐ _____
- ☐ _____
- ☐ _____

GOALS:
- ★ _____
- ★ _____
- ★ _____
- ★ _____
- ★ _____
- ★ _____

I'M GRATEFUL FOR:
- ♥ _____
- ♥ _____
- ♥ _____
- ♥ _____

Notes:

Most Inspiring Quote:

Al Fattaah (The Opener)

**MUHARRAM 19, 1442
(SUNDAY, SEPTEMBER 6, 2020)**

TASKS:	GOALS:
☐	★
☐	★
☐	★
☐	★
☐	★
☐	★
☐	
☐	**I'M GRATEFUL FOR:**
☐	♥
☐	♥
☐	♥
☐	♥

Notes:

Most Inspiring Quote:

Al Aleem (The All Knowing)

MUHARRAM 20, 1442
(MONDAY, SEPTEMBER 7, 2020)

TASKS:
- ☐ _____
- ☐ _____
- ☐ _____
- ☐ _____
- ☐ _____
- ☐ _____
- ☐ _____
- ☐ _____
- ☐ _____
- ☐ _____
- ☐ _____
- ☐ _____

GOALS:
- ★ _____
- ★ _____
- ★ _____
- ★ _____
- ★ _____
- ★ _____

I'M GRATEFUL FOR:
- ♥ _____
- ♥ _____
- ♥ _____
- ♥ _____

Notes:

Most Inspiring Quote:

Al Qaabid (The Restrainer)

**MUHARRAM 21, 1442
(TUESDAY, SEPTEMBER 8, 2020)**

TASKS:	GOALS:
☐ _____	★ _____
☐ _____	★ _____
☐ _____	★ _____
☐ _____	★ _____
☐ _____	★ _____
☐ _____	★ _____
☐ _____	
☐ _____	**I'M GRATEFUL FOR:**
☐ _____	♥ _____
☐ _____	♥ _____
☐ _____	♥ _____
☐ _____	♥ _____

Notes:

Most Inspiring Quote:

Al Baasit (The Expander)

**MUHARRAM 22, 1442
(WEDNESDAY, SEPTEMBER 9, 2020)**

TASKS:
- [ ]
- [ ]
- [ ]
- [ ]
- [ ]
- [ ]
- [ ]
- [ ]
- [ ]
- [ ]
- [ ]
- [ ]

GOALS:
- ★
- ★
- ★
- ★
- ★
- ★

I'M GRATEFUL FOR:
- ♥
- ♥
- ♥
- ♥

Notes:

Most Inspiring Quote:

Al Khaafid (The Humbler)

MUHARRAM 23, 1442
(THURSDAY, SEPTEMBER 10, 2020)

TASKS:	GOALS:
☐	★
☐	★
☐	★
☐	★
☐	★
☐	★
☐	
☐	**I'M GRATEFUL FOR:**
☐	♥
☐	♥
☐	♥
☐	♥

Notes:

Most Inspiring Quote:

Ar Raafi (The Exalter)

**MUHARRAM 24, 1442
(FRIDAY, SEPTEMBER 11, 2020)**

TASKS:	GOALS:
☐	★
☐	★
☐	★
☐	★
☐	★
☐	★
☐	
☐	**I'M GRATEFUL FOR:**
☐	♥
☐	♥
☐	♥
☐	♥

Notes:

Most Inspiring Quote:

Al Muizz (The Giver of Honor)

MUHARRAM 25, 1442
(SATURDAY, SEPTEMBER 12, 2020)

TASKS:	GOALS:
☐	★
☐	★
☐	★
☐	★
☐	★
☐	★
☐	
☐	**I'M GRATEFUL FOR:**
☐	♥
☐	♥
☐	♥
☐	♥

Notes:

Most Inspiring Quote:

Al Muzhil (The Giver of Disgrace)

**MUHARRAM 26, 1442
(SUNDAY, SEPTEMBER 13, 2020)**

TASKS:
- [ ]
- [ ]
- [ ]
- [ ]
- [ ]
- [ ]
- [ ]
- [ ]
- [ ]
- [ ]
- [ ]
- [ ]

GOALS:
★
★
★
★
★
★

I'M GRATEFUL FOR:
♥
♥
♥
♥

Notes:

Most Inspiring Quote:

As Samee (The All Hearing)

MUHARRAM 27, 1442
(MONDAY, SEPTEMBER 14, 2020)

TASKS:	GOALS:
☐ _____	★ _____
☐ _____	★ _____
☐ _____	★ _____
☐ _____	★ _____
☐ _____	★ _____
☐ _____	★ _____
☐ _____	
☐ _____	**I'M GRATEFUL FOR:**
☐ _____	♥ _____
☐ _____	♥ _____
☐ _____	♥ _____
☐ _____	♥ _____

Notes:

Most Inspiring Quote:

Al Baseer (All Seeing)

**MUHARRAM 28, 1442
(TUESDAY, SEPTEMBER 15, 2020)**

TASKS:	GOALS:
☐	★
☐	★
☐	★
☐	★
☐	★
☐	★
☐	
☐	**I'M GRATEFUL FOR:**
☐	♥
☐	♥
☐	♥
☐	♥

Notes:

Most Inspiring Quote:

Al Hakam (The Judge)

MUHARRAM 29, 1442
(WEDNESDAY, SEPTEMBER 16, 2020)

TASKS:
- [ ]
- [ ]
- [ ]
- [ ]
- [ ]
- [ ]
- [ ]
- [ ]
- [ ]
- [ ]
- [ ]
- [ ]

GOALS:
★
★
★
★
★
★

I'M GRATEFUL FOR:
♥
♥
♥
♥

Notes:

Most Inspiring Quote:

Al Adlu (The Just)

MUHARRAM 30, 1442
(THURSDAY, SEPTEMBER 17, 2020)

TASKS:
- [ ]
- [ ]
- [ ]
- [ ]
- [ ]
- [ ]
- [ ]
- [ ]
- [ ]
- [ ]
- [ ]
- [ ]

GOALS:
- ★
- ★
- ★
- ★
- ★
- ★

I'M GRATEFUL FOR:
- ♥
- ♥
- ♥
- ♥

Notes:

"Allah doesn't give everything for a reason. Yet, we expect mere humans around us to do that for us. No, meet all your expectations yourself." — Papatia Feauxzar

O Allah, bring this month of Safar upon us with security, iman, safety, Islam, your pleasure and protection from shaytan.

Ar Rafeeq (The Gentle)

SAFAR 1, 1442
(FRIDAY, SEPTEMBER 18, 2020)

TASKS:	GOALS:
☐	★
☐	★
☐	★
☐	★
☐	★
☐	★
☐	
☐	**I'M GRATEFUL FOR:**
☐	♥
☐	♥
☐	♥
☐	♥

Notes:

"Stop competing. Look at a bookshelf or a library. Its beauty comes from its diverse repertoire. You don't only see books written all by the same author." — Fofky

Al Lateef (The Gentle)

**SAFAR 2, 1442
(SATURDAY, SEPTEMBER 19, 2020)**

TASKS:	GOALS:
☐	★
☐	★
☐	★
☐	★
☐	★
☐	★
☐	
☐	**I'M GRATEFUL FOR:**
☐	♥
☐	♥
☐	♥
☐	♥

Notes:

Most Inspiring Quote:

Al Khabeer (The All Aware)

SAFAR 3, 1442
(SUNDAY, SEPTEMBER 20, 2020)

TASKS:	GOALS:
☐	★
☐	★
☐	★
☐	★
☐	★
☐	★
☐	
☐	**I'M GRATEFUL FOR:**
☐	♥
☐	♥
☐	♥
☐	♥

Notes:

Most Inspiring Quote:

Al Haleem (The Indulgent)

SAFAR 4, 1442
(MONDAY, SEPTEMBER 21, 2020)

TASKS:	GOALS:
☐	★
☐	★
☐	★
☐	★
☐	★
☐	★
☐	
☐	**I'M GRATEFUL FOR:**
☐	♥
☐	♥
☐	♥
☐	♥

Notes:

Most Inspiring Quote:

Al Azheem (The Great)

SAFAR 5, 1442
(TUESDAY, SEPTEMBER 22, 2020)

TASKS:	GOALS:
☐	★
☐	★
☐	★
☐	★
☐	★
☐	★
☐	
☐	**I'M GRATEFUL FOR:**
☐	♥
☐	♥
☐	♥
☐	♥

Notes:

Most Inspiring Quote:

Al Ghafoor (The All Forgiving)

SAFAR 6, 1442
(WEDNESDAY, SEPTEMBER 23, 2020)

TASKS:	GOALS:
☐	★
☐	★
☐	★
☐	★
☐	★
☐	★
☐	
☐	**I'M GRATEFUL FOR:**
☐	♥
☐	♥
☐	♥
☐	♥

Notes:

Most Inspiring Quote:

Ash Shakoor (The Grateful)

SAFAR 7, 1442
(THURSDAY, SEPTEMBER 24, 2020)

TASKS:	GOALS:
☐	★
☐	★
☐	★
☐	★
☐	★
☐	★
☐	
☐	**I'M GRATEFUL FOR:**
☐	♥
☐	♥
☐	♥
☐	♥

Notes:

Most Inspiring Quote:

Al Aliyy (The Most High)

SAFAR 8, 1442
(FRIDAY, SEPTEMBER 25, 2020)

TASKS:
- [ ]
- [ ]
- [ ]
- [ ]
- [ ]
- [ ]
- [ ]
- [ ]
- [ ]
- [ ]
- [ ]
- [ ]

GOALS:
★
★
★
★
★

I'M GRATEFUL FOR:
♥
♥
♥
♥

Notes:

Most Inspiring Quote:

Al Kabeer (The Most Great)

SAFAR 9, 1442
(SATURDAY, SEPTEMBER 26, 2020)

TASKS:	GOALS:
☐ _____	★ _____
☐ _____	★ _____
☐ _____	★ _____
☐ _____	★ _____
☐ _____	★ _____
☐ _____	★ _____
☐ _____	
☐ _____	**I'M GRATEFUL FOR:**
☐ _____	♥ _____
☐ _____	♥ _____
☐ _____	♥ _____
☐ _____	♥ _____

Notes:

Most Inspiring Quote:

Al Hafeez (The Preserver)

**SAFAR 10, 1442
(SUNDAY, SEPTEMBER 27, 2020)**

TASKS:
- ☐
- ☐
- ☐
- ☐
- ☐
- ☐
- ☐
- ☐
- ☐
- ☐
- ☐
- ☐

GOALS:
- ★
- ★
- ★
- ★
- ★
- ★

I'M GRATEFUL FOR:
- ♥
- ♥
- ♥
- ♥

Notes:

Most Inspiring Quote:

Al Muqeet (The Nourisher)

SAFAR 11, 1442
(MONDAY, SEPTEMBER 28, 2020)

TASKS:	GOALS:
☐	★
☐	★
☐	★
☐	★
☐	★
☐	★
☐	
☐	**I'M GRATEFUL FOR:**
☐	♥
☐	♥
☐	♥
☐	♥

Notes:

Most Inspiring Quote:

Al Haseeb (The Accountant)

**SAFAR 12, 1442
(TUESDAY, SEPTEMBER 29, 2020)**

TASKS:
- [ ]
- [ ]
- [ ]
- [ ]
- [ ]
- [ ]
- [ ]
- [ ]
- [ ]
- [ ]
- [ ]
- [ ]

GOALS:
★
★
★
★
★
★

I'M GRATEFUL FOR:
♥
♥
♥
♥

Notes:

Most Inspiring Quote:

Al Jaleel (The Most High)

SAFAR 13, 1442
(WEDNESDAY, SEPTEMBER 30, 2020)

TASKS:	GOALS:
☐	★
☐	★
☐	★
☐	★
☐	★
☐	★
☐	
☐	**I'M GRATEFUL FOR:**
☐	♥
☐	♥
☐	♥
☐	♥

Notes:

Most Inspiring Quote:

Al Kareem (The Generous)

SAFAR 14, 1442
(THURSDAY, OCTOBER 1, 2020)

TASKS:
- [ ]
- [ ]
- [ ]
- [ ]
- [ ]
- [ ]
- [ ]
- [ ]
- [ ]
- [ ]
- [ ]
- [ ]

GOALS:
★
★
★
★
★
★

I'M GRATEFUL FOR:
♥
♥
♥
♥

Notes:

Most Inspiring Quote:

Al Raqeeb (The Watchful)

**SAFAR 15, 1442
(FRIDAY, OCTOBER 2, 2020)**

TASKS:	GOALS:
☐	★
☐	★
☐	★
☐	★
☐	★
☐	★
☐	
☐	**I'M GRATEFUL FOR:**
☐	♥
☐	♥
☐	♥
☐	♥

Notes:

Most Inspiring Quote:

Al Mujeeb (The Responsive)

SAFAR 16, 1442
(SATURDAY, OCTOBER 3, 2020)

TASKS:
- [ ]
- [ ]
- [ ]
- [ ]
- [ ]
- [ ]
- [ ]
- [ ]
- [ ]
- [ ]
- [ ]
- [ ]

GOALS:
★
★
★
★
★
★

I'M GRATEFUL FOR:
♥
♥
♥
♥

Notes:

Most Inspiring Quote:

Al Waasi (The All Encompassing)

**SAFAR 17, 1442
(SUNDAY, OCTOBER 4, 2020)**

TASKS:	GOALS:
☐ _____	★ _____
☐ _____	★ _____
☐ _____	★ _____
☐ _____	★ _____
☐ _____	★ _____
☐ _____	★ _____
☐ _____	
☐ _____	**I'M GRATEFUL FOR:**
☐ _____	♥ _____
☐ _____	♥ _____
☐ _____	♥ _____
☐ _____	♥ _____

Notes:

Most Inspiring Quote:

Al Hakeem (The All Wise)

SAFAR 18, 1442
(MONDAY, OCTOBER 5, 2020)

TASKS:	GOALS:
☐	★
☐	★
☐	★
☐	★
☐	★
☐	★
☐	
☐	**I'M GRATEFUL FOR:**
☐	♥
☐	♥
☐	♥
☐	♥

Notes:

Most Inspiring Quote:

Al Wadood (The Loving)

**SAFAR 19, 1442
(TUESDAY, OCTOBER 6, 2020)**

TASKS:		GOALS:	
☐		★	
☐		★	
☐		★	
☐		★	
☐		★	
☐		★	
☐			
☐		**I'M GRATEFUL FOR:**	
☐		♥	
☐		♥	
☐		♥	
☐		♥	

Notes:

Most Inspiring Quote:

Al Majeed (The All Glorious)

SAFAR 20, 1442
(WEDNESDAY, OCTOBER 7, 2020)

TASKS:
- [ ]
- [ ]
- [ ]
- [ ]
- [ ]
- [ ]
- [ ]
- [ ]
- [ ]
- [ ]
- [ ]
- [ ]

GOALS:
★
★
★
★
★
★

I'M GRATEFUL FOR:
♥
♥
♥
♥

Notes:

Most Inspiring Quote:

Al Baaith (The Restorer of Life)

SAFAR 21, 1442
(THURSDAY, OCTOBER 8, 2020)

TASKS:		GOALS:	
☐		★	
☐		★	
☐		★	
☐		★	
☐		★	
☐		★	
☐			
☐		**I'M GRATEFUL FOR:**	
☐		♥	
☐		♥	
☐		♥	
☐		♥	

Notes:

Most Inspiring Quote:

Ash Shaheed (The Witness)

**SAFAR 22, 1442
(FRIDAY, OCTOBER 9, 2020)**

TASKS:		GOALS:
☐		★
☐		★
☐		★
☐		★
☐		★
☐		★
☐		
☐		**I'M GRATEFUL FOR:**
☐		♥
☐		♥
☐		♥
☐		♥

Notes:

Most Inspiring Quote:

Al Haqq (The Truth)

SAFAR 23, 1442
(SATURDAY, OCTOBER 10, 2020)

TASKS:	GOALS:
☐ _____	★ _____
☐ _____	★ _____
☐ _____	★ _____
☐ _____	★ _____
☐ _____	★ _____
☐ _____	★ _____
☐ _____	
☐ _____	**I'M GRATEFUL FOR:**
☐ _____	♥ _____
☐ _____	♥ _____
☐ _____	♥ _____
☐ _____	♥ _____

Notes:

Most Inspiring Quote:

Al Wakeel (The Trustee)

**SAFAR 24, 1441
(SUNDAY, OCTOBER 11, 2020)**

TASKS:		GOALS:	
☐		★	
☐		★	
☐		★	
☐		★	
☐		★	
☐		★	
☐			
☐		**I'M GRATEFUL FOR:**	
☐		♥	
☐		♥	
☐		♥	
☐		♥	

Notes:

Most Inspiring Quote:

Al Qawiyy (The Most Strong)

MUHARRAM 25, 1442
(MONDAY, OCTOBER 12, 2020)

TASKS:		GOALS:	
☐		★	
☐		★	
☐		★	
☐		★	
☐		★	
☐		★	
☐			
☐		**I'M GRATEFUL FOR:**	
☐		♥	
☐		♥	
☐		♥	
☐		♥	

Notes:

Most Inspiring Quote:

Al Mateen (The Firm)

SAFAR 26, 1442
(TUESDAY, OCTOBER 13, 2020)

TASKS:	GOALS:
☐ _____	★ _____
☐ _____	★ _____
☐ _____	★ _____
☐ _____	★ _____
☐ _____	★ _____
☐ _____	★ _____
☐ _____	
☐ _____	**I'M GRATEFUL FOR:**
☐ _____	♥ _____
☐ _____	♥ _____
☐ _____	♥ _____
☐ _____	♥ _____

Notes:

Most Inspiring Quote:

Al Waliyy (The Protecting Friend)

SAFAR 27, 1442
(WEDNESDAY, OCTOBER 14, 2020)

TASKS:
- [ ]
- [ ]
- [ ]
- [ ]
- [ ]
- [ ]
- [ ]
- [ ]
- [ ]
- [ ]
- [ ]
- [ ]

GOALS:
★
★
★
★
★
★

I'M GRATEFUL FOR:
♥
♥
♥
♥

Notes:

Most Inspiring Quote:

Al Hameed (The All Praiseworthy)

**SAFAR 28, 1442
(THURSDAY, OCTOBER 15, 2020)**

TASKS:	GOALS:
☐	★
☐	★
☐	★
☐	★
☐	★
☐	★
☐	
☐	**I'M GRATEFUL FOR:**
☐	♥
☐	♥
☐	♥
☐	♥

Notes:

Most Inspiring Quote:

Al Mushee (The Assessor)

**SAFAR 29, 1442
(FRIDAY, OCTOBER 16, 2020)**

TASKS:
- [ ] _____
- [ ] _____
- [ ] _____
- [ ] _____
- [ ] _____
- [ ] _____
- [ ] _____
- [ ] _____
- [ ] _____
- [ ] _____
- [ ] _____
- [ ] _____

GOALS:
★ _____
★ _____
★ _____
★ _____
★ _____
★ _____

I'M GRATEFUL FOR:
♥ _____
♥ _____
♥ _____
♥ _____

Notes:

"Give to some people before they ask, and they will make you regret it."— Papatia Feauxzar

O Allah, bring this month of Rabi-I upon us with security, iman, safety, Islam, your pleasure and protection from shaytan.

Al Mubdi (The Originator of All)

RABI-I 1, 1442
(SATURDAY, OCTOBER 17, 2020)

TASKS:	GOALS:
☐	★
☐	★
☐	★
☐	★
☐	★
☐	★
☐	
☐	**I'M GRATEFUL FOR:**
☐	♥
☐	♥
☐	♥
☐	♥

Notes:

"Have an eye for opportunities that will never present themselves again and seize them." — Fofky

Al Mueed (The Restorer)

**RABI-I 2, 1442
(SUNDAY, OCTOBER 18, 2020)**

TASKS:
- [ ]
- [ ]
- [ ]
- [ ]
- [ ]
- [ ]
- [ ]
- [ ]
- [ ]
- [ ]
- [ ]
- [ ]

GOALS:
★
★
★
★
★
★

I'M GRATEFUL FOR:
♥
♥
♥
♥

Notes:

Most Inspiring Quote:

Al Muhyi (The Giver of Life)

Most Inspiring Quote:

Al Mumeet (The Giver of Death)

**RABI-I 4, 1442
(TUESDAY, OCTOBER 20, 2020)**

TASKS:	GOALS:
☐	★
☐	★
☐	★
☐	★
☐	★
☐	★
☐	
☐	**I'M GRATEFUL FOR:**
☐	♥
☐	♥
☐	♥
☐	♥

Notes:

Most Inspiring Quote:

Al Hayy (The Ever Living)

RABI-I 5, 1442
(WEDNESDAY, OCTOBER 21, 2020)

TASKS:	GOALS:
☐	★
☐	★
☐	★
☐	★
☐	★
☐	★
☐	
☐	**I'M GRATEFUL FOR:**
☐	♥
☐	♥
☐	♥
☐	♥

Notes:

Most Inspiring Quote:

Al Qayyoom (The Self Sustaining)

RABI-I 6, 1442
(THURSDAY, OCTOBER 22, 2020)

TASKS:
- [ ]
- [ ]
- [ ]
- [ ]
- [ ]
- [ ]
- [ ]
- [ ]
- [ ]
- [ ]
- [ ]
- [ ]

GOALS:
★
★
★
★
★
★

I'M GRATEFUL FOR:
♥
♥
♥
♥

Notes:

Most Inspiring Quote:

Al Waajid (The Finder)

**RABI-I 7, 1442
(FRIDAY, OCTOBER 23, 2020)**

TASKS:	GOALS:
☐	★
☐	★
☐	★
☐	★
☐	★
☐	★
☐	
☐	**I'M GRATEFUL FOR:**
☐	♥
☐	♥
☐	♥
☐	♥

Notes:

Most Inspiring Quote:

Al Maajid (The Illustrious)

**RABI-I 8, 1442
(SATURDAY, OCTOBER 24, 2020)**

TASKS:
- [ ]
- [ ]
- [ ]
- [ ]
- [ ]
- [ ]
- [ ]
- [ ]
- [ ]
- [ ]
- [ ]
- [ ]

GOALS:
- ★
- ★
- ★
- ★
- ★

I'M GRATEFUL FOR:
- ♥
- ♥
- ♥
- ♥

Notes:

Most Inspiring Quote:

Al Wahid (The One and Unique)

RABI-I 9, 1442
(SUNDAY, OCTOBER 25, 2020)

TASKS:	GOALS:
☐ _____	★ _____
☐ _____	★ _____
☐ _____	★ _____
☐ _____	★ _____
☐ _____	★ _____
☐ _____	★ _____
☐ _____	
☐ _____	**I'M GRATEFUL FOR:**
☐ _____	♥ _____
☐ _____	♥ _____
☐ _____	♥ _____
☐ _____	♥ _____

Notes:

Most Inspiring Quote:

Al Ahad (The One and All Inclusive)

RABI-I 10, 1442
(MONDAY, OCTOBER 26, 2020)

TASKS:	GOALS:
☐	★
☐	★
☐	★
☐	★
☐	★
☐	★
☐	
☐	**I'M GRATEFUL FOR:**
☐	♥
☐	♥
☐	♥
☐	♥

Notes:

Most Inspiring Quote:

As Samad (The Ever Lasting and Self Sufficient)

RABI-I 11, 1442
(TUESDAY, OCTOBER 27, 2020)

TASKS:	GOALS:
☐ _____	★ _____
☐ _____	★ _____
☐ _____	★ _____
☐ _____	★ _____
☐ _____	★ _____
☐ _____	★ _____
☐ _____	
☐ _____	**I'M GRATEFUL FOR:**
☐ _____	♥ _____
☐ _____	♥ _____
☐ _____	♥ _____
☐ _____	♥ _____

Event: Mawlid

Notes:

Most Inspiring Quote:

Al Qaadir (The Fully Able One)

**RABI-I 12, 1442
(WEDNESDAY, OCTOBER 28, 2020)**

TASKS:	GOALS:
☐ _____	★ _____
☐ _____	★ _____
☐ _____	★ _____
☐ _____	★ _____
☐ _____	★ _____
☐ _____	★ _____
☐ _____	
☐ _____	**I'M GRATEFUL FOR:**
☐ _____	♥ _____
☐ _____	♥ _____
☐ _____	♥ _____
☐ _____	♥ _____

Event: Mawlid

Notes:

Most Inspiring Quote:

Al Muqtadir (The Omnipotent)

RABI-I 13, 1442
(THURSDAY, OCTOBER 29, 2020)

TASKS:	GOALS:
☐	★
☐	★
☐	★
☐	★
☐	★
☐	★
☐	
☐	**I'M GRATEFUL FOR:**
☐	♥
☐	♥
☐	♥
☐	♥

Event: Mawlid

Notes:

Most Inspiring Quote:

Al Muqaddim (The One Who Advances or Defers)

RABI-I 14, 1442
(FRIDAY, OCTOBER 30, 2020)

TASKS:
- ☐ _____
- ☐ _____
- ☐ _____
- ☐ _____
- ☐ _____
- ☐ _____
- ☐ _____
- ☐ _____
- ☐ _____
- ☐ _____
- ☐ _____
- ☐ _____

GOALS:
★ _____
★ _____
★ _____
★ _____
★ _____
★ _____

I'M GRATEFUL FOR:
♥ _____
♥ _____
♥ _____
♥ _____

Notes:

Most Inspiring Quote:

Al Muakhkhir (The Delayer)

RABI-I 15, 1442
(SATURDAY, OCTOBER 31, 2020)

TASKS:	GOALS:
☐	★
☐	★
☐	★
☐	★
☐	★
☐	★
☐	
☐	**I'M GRATEFUL FOR:**
☐	♥
☐	♥
☐	♥
☐	♥

Notes:

Most Inspiring Quote:

Al Awwal (The First)

**RABI-I 16, 1442
(SUNDAY, NOVEMBER 1, 2020)**

TASKS:
- [ ]
- [ ]
- [ ]
- [ ]
- [ ]
- [ ]
- [ ]
- [ ]
- [ ]
- [ ]
- [ ]
- [ ]

GOALS:
★
★
★
★
★
★

I'M GRATEFUL FOR:
♥
♥
♥
♥

Notes:

Most Inspiring Quote:

Al Aakhir (The Last)

RABI-I 17, 1442
(MONDAY, NOVEMBER 2, 2020)

TASKS:	GOALS:
☐	★
☐	★
☐	★
☐	★
☐	★
☐	★
☐	
☐	**I'M GRATEFUL FOR:**
☐	♥
☐	♥
☐	♥
☐	♥

Notes:

Most Inspiring Quote:

Az Zaahir (The All Victorious)

RABI-I 18, 1442
(TUESDAY, NOVEMBER 3, 2020)

TASKS:
- [ ]
- [ ]
- [ ]
- [ ]
- [ ]
- [ ]
- [ ]
- [ ]
- [ ]
- [ ]
- [ ]
- [ ]

GOALS:
★
★
★
★
★

I'M GRATEFUL FOR:
♥
♥
♥
♥

Notes:

Most Inspiring Quote:

Al Baatin (The Hidden and The Evident)

**RABI-I 19, 1442
(WEDNESDAY, NOVEMBER 4, 2020)**

TASKS:		GOALS:	
☐		★	
☐		★	
☐		★	
☐		★	
☐		★	
☐		★	
☐			
☐		I'M GRATEFUL FOR:	
☐		♥	
☐		♥	
☐		♥	
☐		♥	

Notes:

Most Inspiring Quote:

Al Waali (The Governor)

**RABI-I 20, 1442
(THURSDAY, NOVEMBER 5, 2020)**

TASKS:
- [ ] _____
- [ ] _____
- [ ] _____
- [ ] _____
- [ ] _____
- [ ] _____
- [ ] _____
- [ ] _____
- [ ] _____
- [ ] _____
- [ ] _____
- [ ] _____

GOALS:
★ _____
★ _____
★ _____
★ _____
★ _____
★ _____

I'M GRATEFUL FOR:
♥ _____
♥ _____
♥ _____
♥ _____

Notes:

Most Inspiring Quote:

Al Muta Aali (The Most Exalted)

**RABI-I 21, 1442
(FRIDAY, NOVEMBER 6, 2020)**

TASKS:	GOALS:
☐	★
☐	★
☐	★
☐	★
☐	★
☐	★
☐	
☐	**I'M GRATEFUL FOR:**
☐	♥
☐	♥
☐	♥
☐	♥

Notes:

Most Inspiring Quote:

Al Barr (The Most Kind)

RABI-I 22, 1442
(SATURDAY, NOVEMBER 7, 2020)

TASKS:	GOALS:
☐	★
☐	★
☐	★
☐	★
☐	★
☐	★
☐	
☐	**I'M GRATEFUL FOR:**
☐	♥
☐	♥
☐	♥
☐	♥

Notes:

Most Inspiring Quote:

At Tawwaab (The Ever Accepting)

**RABI-I 23, 1442
(SUNDAY, NOVEMBER 8, 2020)**

TASKS:
- [ ]
- [ ]
- [ ]
- [ ]
- [ ]
- [ ]
- [ ]
- [ ]
- [ ]
- [ ]
- [ ]
- [ ]

GOALS:
★
★
★
★
★
★

I'M GRATEFUL FOR:
♥
♥
♥
♥

Notes:

Most Inspiring Quote:

Al Muntaqim (The Avenger)

**RABI-I 24, 1442
(MONDAY, NOVEMBER 9, 2020)**

TASKS:	GOALS:
☐	★
☐	★
☐	★
☐	★
☐	★
☐	★
☐	
☐	**I'M GRATEFUL FOR:**
☐	♥
☐	♥
☐	♥
☐	♥

Notes:

Most Inspiring Quote:

Al Afuww (The Forgiver)

**RABI-I 25, 1442
(TUESDAY, NOVEMBER 10, 2020)**

TASKS:		GOALS:
☐		★
☐		★
☐		★
☐		★
☐		★
☐		★
☐		
☐		**I'M GRATEFUL FOR:**
☐		♥
☐		♥
☐		♥
☐		♥

Notes:

Most Inspiring Quote:

Ar Raoof (The Compassionate)

RABI-I 26, 1442
(WEDNESDAY, NOVEMBER 11, 2020)

TASKS:
- [ ]
- [ ]
- [ ]
- [ ]
- [ ]
- [ ]
- [ ]
- [ ]
- [ ]
- [ ]
- [ ]
- [ ]

GOALS:
- ★
- ★
- ★
- ★
- ★
- ★

I'M GRATEFUL FOR:
- ♥
- ♥
- ♥
- ♥

Notes:

Most Inspiring Quote:

Maalikul-Mulk (The Owner of All Sovereignty)

**RABI-I 27, 1442
(THURSDAY, NOVEMBER 12, 2020)**

TASKS:	GOALS:
☐	★
☐	★
☐	★
☐	★
☐	★
☐	★
☐	
☐	**I'M GRATEFUL FOR:**
☐	♥
☐	♥
☐	♥
☐	♥

Notes:

Most Inspiring Quote:

Dhul-Jalali Wal Ikraam (The Lord of Majesty)

RABI-I 28, 1442
(FRIDAY, NOVEMBER 13, 2020)

TASKS:	GOALS:
☐	★
☐	★
☐	★
☐	★
☐	★
☐	★
☐	
☐	**I'M GRATEFUL FOR:**
☐	♥
☐	♥
☐	♥
☐	♥

Notes:

Most Inspiring Quote:

Al Muqsit (The Most Equitable)

**RABI-I 29, 1442
(SATURDAY, NOVEMBER 14, 2020)**

TASKS:	GOALS:
☐	★
☐	★
☐	★
☐	★
☐	★
☐	★
☐	
☐	**I'M GRATEFUL FOR:**
☐	♥
☐	♥
☐	♥
☐	♥

Notes:

Most Inspiring Quote:

Al Jaami (The Gatherer)

**RABI-I 30, 1442
(SUNDAY, NOVEMBER 15, 2020)**

TASKS:
- [ ]
- [ ]
- [ ]
- [ ]
- [ ]
- [ ]
- [ ]
- [ ]
- [ ]
- [ ]
- [ ]
- [ ]

GOALS:
- ★
- ★
- ★
- ★
- ★

I'M GRATEFUL FOR:
- ♥
- ♥
- ♥
- ♥

Notes:

"Patriarchs. Slowing women down since forever."— Papatia Feauxzar

O Allah, bring this month of Rabi-II upon us with security, iman, safety, Islam, your pleasure and protection from shaytan.

Al Ghaniyy (The Independent)

**RABI-II 1, 1442
(MONDAY, NOVEMBER 16, 2020)**

TASKS:	GOALS:
☐	★
☐	★
☐	★
☐	★
☐	★
☐	★
☐	
☐	**I'M GRATEFUL FOR:**
☐	♥
☐	♥
☐	♥
☐	♥

Notes:

"Be an hoardtist. It's a person in between an artist and a hoarder." — Papatia Feauxzar

Al Mughnee (The Enricher)

**RABI-II 2, 1442
(TUESDAY, NOVEMBER 17, 2020)**

TASKS:	GOALS:
☐	★
☐	★
☐	★
☐	★
☐	★
☐	★
☐	
☐	**I'M GRATEFUL FOR:**
☐	♥
☐	♥
☐	♥
☐	♥

Notes:

Most Inspiring Quote:

Al Maani (The One Who Prevents)

RABI-II 3, 1442
(WEDNESDAY, NOVEMBER 18, 2020)

TASKS:
- [ ]
- [ ]
- [ ]
- [ ]
- [ ]
- [ ]
- [ ]
- [ ]
- [ ]
- [ ]
- [ ]
- [ ]

GOALS:
★
★
★
★
★
★

I'M GRATEFUL FOR:
♥
♥
♥
♥

Notes:

Most Inspiring Quote:

Ad Daar (He Who Allows Distress to Afflict)

RABI-II 4, 1442
(THURSDAY, NOVEMBER 19, 2020)

TASKS:
- [ ]
- [ ]
- [ ]
- [ ]
- [ ]
- [ ]
- [ ]
- [ ]
- [ ]
- [ ]
- [ ]
- [ ]

GOALS:
★
★
★
★
★

I'M GRATEFUL FOR:
♥
♥
♥
♥

Notes:

Most Inspiring Quote:

An Naafi (The Benefactor)

RABI-II 5, 1442
(FRIDAY, NOVEMBER 20, 2020)

TASKS:
- [ ]
- [ ]
- [ ]
- [ ]
- [ ]
- [ ]
- [ ]
- [ ]
- [ ]
- [ ]
- [ ]
- [ ]

GOALS:
- ★
- ★
- ★
- ★
- ★

I'M GRATEFUL FOR:
- ♥
- ♥
- ♥
- ♥

Notes:

Most Inspiring Quote:

An Noor (The Light)

**RABII-I 6, 1442
(SATURDAY, NOVEMBER 21, 2020)**

TASKS:	GOALS:
☐	★
☐	★
☐	★
☐	★
☐	★
☐	★
☐	
☐	**I'M GRATEFUL FOR:**
☐	♥
☐	♥
☐	♥
☐	♥

Notes:

Most Inspiring Quote:

Al Haadi (He Who Guides)

RABI-II 7, 1442
(SUNDAY, NOVEMBER 22, 2020)

TASKS:
- [ ]
- [ ]
- [ ]
- [ ]
- [ ]
- [ ]
- [ ]
- [ ]
- [ ]
- [ ]
- [ ]
- [ ]

GOALS:
★
★
★
★
★

I'M GRATEFUL FOR:
♥
♥
♥
♥

Notes:

Most Inspiring Quote:

Al Badee (The Incomparable)

RABI-II 8, 1442
(MONDAY, NOVEMBER 23, 2020)

TASKS:
- ☐ _____
- ☐ _____
- ☐ _____
- ☐ _____
- ☐ _____
- ☐ _____
- ☐ _____
- ☐ _____
- ☐ _____
- ☐ _____
- ☐ _____
- ☐ _____

GOALS:
★ _____
★ _____
★ _____
★ _____
★ _____
★ _____

I'M GRATEFUL FOR:
♥ _____
♥ _____
♥ _____
♥ _____

Notes:

Most Inspiring Quote:

Al Baaqi (The Ever Lasting)

RABI-II 9, 1442
(TUESDAY, NOVEMBER 24, 2020)

TASKS:	GOALS:
☐	★
☐	★
☐	★
☐	★
☐	★
☐	★
☐	
☐	**I'M GRATEFUL FOR:**
☐	♥
☐	♥
☐	♥
☐	♥

Notes:

Most Inspiring Quote:

Al Waarith (The Inheritor of All)

RABI-II 10, 1442
(WEDNESDAY, NOVEMBER 25, 2020)

TASKS:		GOALS:
☐		★
☐		★
☐		★
☐		★
☐		★
☐		★
☐		
☐		I'M GRATEFUL FOR:
☐		♥
☐		♥
☐		♥
☐		♥

Notes:

Most Inspiring Quote:

Ar Rasheed (The Guide to the Right Path)

**RABI-II 11, 1442
(THURSDAY, NOVEMBER 26, 2020)**

TASKS:
- [ ]
- [ ]
- [ ]
- [ ]
- [ ]
- [ ]
- [ ]
- [ ]
- [ ]
- [ ]
- [ ]
- [ ]

GOALS:
★
★
★
★
★

I'M GRATEFUL FOR:
♥
♥
♥
♥

Notes:

Most Inspiring Quote:

As Saboor (The Patient)

**RABI-II 12, 1442
(FRIDAY, NOVEMBER 27, 2020)**

TASKS:	GOALS:
☐	★
☐	★
☐	★
☐	★
☐	★
☐	★
☐	
☐	**I'M GRATEFUL FOR:**
☐	♥
☐	♥
☐	♥
☐	♥

Notes:

Most Inspiring Quote:

Name of Allah to Reflect On:

**RABI-II 13, 1442
(SATURDAY, NOVEMBER 28, 2020)**

TASKS:
- [ ]
- [ ]
- [ ]
- [ ]
- [ ]
- [ ]
- [ ]
- [ ]
- [ ]
- [ ]
- [ ]
- [ ]

GOALS:
★
★
★
★
★
★

I'M GRATEFUL FOR:
♥
♥
♥
♥

Notes:

Most Inspiring Quote:

Name of Allah to Reflect On:

**RABI-II 14, 1442
(SUNDAY, NOVEMBER 29, 2020)**

TASKS:	GOALS:
☐	★
☐	★
☐	★
☐	★
☐	★
☐	★
☐	
☐	**I'M GRATEFUL FOR:**
☐	♥
☐	♥
☐	♥
☐	♥

Notes:

Most Inspiring Quote:

Name of Allah to Reflect On:

**RABI-II 15, 1442
(MONDAY, NOVEMBER 30, 2020)**

TASKS:	GOALS:
☐	★
☐	★
☐	★
☐	★
☐	★
☐	★
☐	
☐	**I'M GRATEFUL FOR:**
☐	♥
☐	♥
☐	♥
☐	♥

Notes:

Most Inspiring Quote:

Name of Allah to Reflect On:

**RABI-II 16, 1442
(TUESDAY, DECEMBER 1, 2020)**

TASKS:	GOALS:
☐	★
☐	★
☐	★
☐	★
☐	★
☐	★
☐	
☐	**I'M GRATEFUL FOR:**
☐	♥
☐	♥
☐	♥
☐	♥

Notes:

Most Inspiring Quote:

Name of Allah to Reflect On:

**RABI-II 17, 1442
(WEDNESDAY, DECEMBER 2, 2020)**

TASKS:	GOALS:
☐	★
☐	★
☐	★
☐	★
☐	★
☐	★
☐	
☐	**I'M GRATEFUL FOR:**
☐	♥
☐	♥
☐	♥
☐	♥

Notes:

Most Inspiring Quote:

Name of Allah to Reflect On:

**RABI-II 18, 1442
(THURSDAY, DECEMBER 3, 2020)**

TASKS:	GOALS:
☐ _____	★ _____
☐ _____	★ _____
☐ _____	★ _____
☐ _____	★ _____
☐ _____	★ _____
☐ _____	★ _____
☐ _____	
☐ _____	**I'M GRATEFUL FOR:**
☐ _____	♥ _____
☐ _____	♥ _____
☐ _____	♥ _____
☐ _____	♥ _____

Notes:

Most Inspiring Quote:

Name of Allah to Reflect On:

RABI-II 19, 1442
(FRIDAY, DECEMBER 4, 2020)

TASKS:	GOALS:
☐ _____	★ _____
☐ _____	★ _____
☐ _____	★ _____
☐ _____	★ _____
☐ _____	★ _____
☐ _____	★ _____
☐ _____	
☐ _____	**I'M GRATEFUL FOR:**
☐ _____	♥ _____
☐ _____	♥ _____
☐ _____	♥ _____
☐ _____	♥ _____

Notes:

Most Inspiring Quote:

Name of Allah to Reflect On:

RABI-II 20, 1442
(SATURDAY, DECEMBER 5, 2020)

TASKS:	GOALS:
☐	★
☐	★
☐	★
☐	★
☐	★
☐	★
☐	
☐	**I'M GRATEFUL FOR:**
☐	♥
☐	♥
☐	♥
☐	♥

Notes:

Most Inspiring Quote:

Name of Allah to Reflect On:

**RABI-II 21, 1442
(SUNDAY, DECEMBER 6, 2020)**

TASKS:	GOALS:
☐	★
☐	★
☐	★
☐	★
☐	★
☐	★
☐	
☐	**I'M GRATEFUL FOR:**
☐	♥
☐	♥
☐	♥
☐	♥

Notes:

Most Inspiring Quote:

Name of Allah to Reflect On:

**RABI-II 22, 1442
(MONDAY, DECEMBER 7, 2020)**

TASKS:	GOALS:
☐	★
☐	★
☐	★
☐	★
☐	★
☐	★
☐	
☐	**I'M GRATEFUL FOR:**
☐	♥
☐	♥
☐	♥
☐	♥

Notes:

Most Inspiring Quote:

Name of Allah to Reflect On:

**RABI-II 23, 1442
(TUESDAY, DECEMBER 8, 2020)**

TASKS:	GOALS:
☐	★
☐	★
☐	★
☐	★
☐	★
☐	★
☐	
☐	**I'M GRATEFUL FOR:**
☐	♥
☐	♥
☐	♥
☐	♥

Notes:

Most Inspiring Quote:

Name of Allah to Reflect On:

**RABI-II 24, 1442
(WEDNESDAY, DECEMBER 9, 2020)**

TASKS:		GOALS:
☐ _____		★ _____
☐ _____		★ _____
☐ _____		★ _____
☐ _____		★ _____
☐ _____		★ _____
☐ _____		★ _____
☐ _____		
☐ _____		**I'M GRATEFUL FOR:**
☐ _____		♥ _____
☐ _____		♥ _____
☐ _____		♥ _____
☐ _____		♥ _____

Notes:

Most Inspiring Quote:

Name of Allah to Reflect On:

**RABI-II 25, 1442
(THURSDAY, DECEMBER 10, 2020)**

TASKS:	GOALS:
☐	★
☐	★
☐	★
☐	★
☐	★
☐	★
☐	
☐	**I'M GRATEFUL FOR:**
☐	♥
☐	♥
☐	♥
☐	♥

Notes:

Most Inspiring Quote:

Name of Allah to Reflect On:

**RABI-II 26, 1442
(FRIDAY, DECEMBER 11, 2020)**

TASKS:
- ☐ _____
- ☐ _____
- ☐ _____
- ☐ _____
- ☐ _____
- ☐ _____
- ☐ _____
- ☐ _____
- ☐ _____
- ☐ _____
- ☐ _____
- ☐ _____

GOALS:
- ★ _____
- ★ _____
- ★ _____
- ★ _____
- ★ _____
- ★ _____

I'M GRATEFUL FOR:
- ♥ _____
- ♥ _____
- ♥ _____
- ♥ _____

Notes:

Most Inspiring Quote:

Name of Allah to Reflect On:

RABI-II 27, 1442
(SATURDAY, DECEMBER 12, 2020)

TASKS:
- ☐
- ☐
- ☐
- ☐
- ☐
- ☐
- ☐
- ☐
- ☐
- ☐
- ☐
- ☐

GOALS:
- ★
- ★
- ★
- ★
- ★
- ★

I'M GRATEFUL FOR:
- ♥
- ♥
- ♥
- ♥

Notes:

Most Inspiring Quote:

Name of Allah to Reflect On:

RABI-II 28, 1442
(SUNDAY, DECEMBER 13, 2020)

TASKS:
- [ ]
- [ ]
- [ ]
- [ ]
- [ ]
- [ ]
- [ ]
- [ ]
- [ ]
- [ ]
- [ ]
- [ ]

GOALS:
★
★
★
★
★
★

I'M GRATEFUL FOR:
♥
♥
♥
♥

Notes:

Most Inspiring Quote:

Name of Allah to Reflect On:

**RABI-II 29, 1442
(MONDAY, DECEMBER 14, 2020)**

TASKS:
- [ ] _____
- [ ] _____
- [ ] _____
- [ ] _____
- [ ] _____
- [ ] _____
- [ ] _____
- [ ] _____
- [ ] _____
- [ ] _____
- [ ] _____
- [ ] _____

GOALS:
★ _____
★ _____
★ _____
★ _____
★ _____
★ _____

I'M GRATEFUL FOR:
♥ _____
♥ _____
♥ _____
♥ _____

Notes:

"Shine when you aren't expected to; like the moon when it does sometimes during the daytime." — Fofky

O Allah, bring this month of Jumada-I upon us with security, iman, safety, Islam, your pleasure and protection from shaytan.

Name of Allah to Reflect On:

**JUMADA-I 1, 1442
(TUESDAY, DECEMBER 15, 2020)**

TASKS:	GOALS:
☐	★
☐	★
☐	★
☐	★
☐	★
☐	★
☐	
☐	**I'M GRATEFUL FOR:**
☐	♥
☐	♥
☐	♥
☐	♥

Notes:

"Do not grieve over people's words. Instead, let them witness your greatness." — Fofky

Name of Allah to Reflect On:

**JUMADA-I 2, 1442
(WEDNESDAY, DECEMBER 16, 2020)**

TASKS:	GOALS:
☐	★
☐	★
☐	★
☐	★
☐	★
☐	★
☐	
☐	I'M GRATEFUL FOR:
☐	♥
☐	♥
☐	♥
☐	♥

Notes:

Most Inspiring Quote:

Name of Allah to Reflect On:

**JUMADA-I 3, 1442
(THURSDAY, DECEMBER 17, 2020)**

TASKS:	GOALS:
☐	★
☐	★
☐	★
☐	★
☐	★
☐	★
☐	
☐	**I'M GRATEFUL FOR:**
☐	♥
☐	♥
☐	♥
☐	♥

Notes:

Most Inspiring Quote:

Name of Allah to Reflect On:

**JUMADA-I 4, 1442
(FRIDAY, DECEMBER 18, 2020)**

TASKS:
- ☐ _____
- ☐ _____
- ☐ _____
- ☐ _____
- ☐ _____
- ☐ _____
- ☐ _____
- ☐ _____
- ☐ _____
- ☐ _____
- ☐ _____
- ☐ _____

GOALS:
- ★ _____
- ★ _____
- ★ _____
- ★ _____
- ★ _____
- ★ _____

I'M GRATEFUL FOR:
- ♥ _____
- ♥ _____
- ♥ _____
- ♥ _____

Notes:

Most Inspiring Quote:

Name of Allah to Reflect On:

**JUMADA-I 5, 1442
(SATURDAY, DECEMBER 19, 2020)**

TASKS:
- ☐ _____
- ☐ _____
- ☐ _____
- ☐ _____
- ☐ _____
- ☐ _____
- ☐ _____
- ☐ _____
- ☐ _____
- ☐ _____
- ☐ _____
- ☐ _____

GOALS:
- ★ _____
- ★ _____
- ★ _____
- ★ _____
- ★ _____

I'M GRATEFUL FOR:
- ♥ _____
- ♥ _____
- ♥ _____
- ♥ _____

Notes:

Most Inspiring Quote:

Name of Allah to Reflect On:

**JUMADA-I 6, 1441
(SUNDAY, DECEMBER 20, 2020)**

TASKS:	GOALS:
☐	★
☐	★
☐	★
☐	★
☐	★
☐	★
☐	
☐	**I'M GRATEFUL FOR:**
☐	♥
☐	♥
☐	♥
☐	♥

Notes:

Most Inspiring Quote:

Name of Allah to Reflect On:

**JUMADA-I 7, 1442
(MONDAY, DECEMBER 21, 2020)**

TASKS:
- [ ]
- [ ]
- [ ]
- [ ]
- [ ]
- [ ]
- [ ]
- [ ]
- [ ]
- [ ]
- [ ]
- [ ]

GOALS:
★
★
★
★
★

I'M GRATEFUL FOR:
♥
♥
♥
♥

Notes:

Most Inspiring Quote:

Name of Allah to Reflect On:

**JUMADA-I 8, 1442
(TUESDAY, DECEMBER 22, 2020)**

TASKS:
- ☐ _____
- ☐ _____
- ☐ _____
- ☐ _____
- ☐ _____
- ☐ _____
- ☐ _____
- ☐ _____
- ☐ _____
- ☐ _____
- ☐ _____
- ☐ _____

GOALS:
- ★ _____
- ★ _____
- ★ _____
- ★ _____
- ★ _____
- ★ _____

I'M GRATEFUL FOR:
- ♥ _____
- ♥ _____
- ♥ _____
- ♥ _____

Notes:

Most Inspiring Quote:

Name of Allah to Reflect On:

**JUMADA-I 9, 1442
(WEDNESDAY, DECEMBER 23, 2020)**

TASKS:	GOALS:
☐	★
☐	★
☐	★
☐	★
☐	★
☐	★
☐	
☐	**I'M GRATEFUL FOR:**
☐	♥
☐	♥
☐	♥
☐	♥

Notes:

Most Inspiring Quote:

Name of Allah to Reflect On:

**JUMADA-I 10, 1441
(THURSDAY, DECEMBER 24, 2020)**

TASKS:	GOALS:
☐ _____	★ _____
☐ _____	★ _____
☐ _____	★ _____
☐ _____	★ _____
☐ _____	★ _____
☐ _____	★ _____
☐ _____	
☐ _____	**I'M GRATEFUL FOR:**
☐ _____	♥ _____
☐ _____	♥ _____
☐ _____	♥ _____
☐ _____	♥ _____

Notes:

Most Inspiring Quote:

Name of Allah to Reflect On:

JUMADA-I 11, 1442
(FRIDAY, DECEMBER 25, 2020)

TASKS:
- [ ]
- [ ]
- [ ]
- [ ]
- [ ]
- [ ]
- [ ]
- [ ]
- [ ]
- [ ]
- [ ]
- [ ]

GOALS:
★
★
★
★
★

I'M GRATEFUL FOR:
♥
♥
♥
♥

Notes:

Most Inspiring Quote:

Name of Allah to Reflect On:

**JUMADA-I 12, 1442
(SATURDAY, DECEMBER 26, 2020)**

TASKS:		GOALS:	
☐		★	
☐		★	
☐		★	
☐		★	
☐		★	
☐		★	
☐			
☐		**I'M GRATEFUL FOR:**	
☐		♥	
☐		♥	
☐		♥	
☐		♥	

Notes:

Most Inspiring Quote:

Name of Allah to Reflect On:

**JUMADA-I 13, 1442
(SUNDAY, DECEMBER 27, 2020)**

TASKS:	GOALS:
☐ _____	★ _____
☐ _____	★ _____
☐ _____	★ _____
☐ _____	★ _____
☐ _____	★ _____
☐ _____	★ _____
☐ _____	
☐ _____	**I'M GRATEFUL FOR:**
☐ _____	♥ _____
☐ _____	♥ _____
☐ _____	♥ _____
☐ _____	♥ _____

Notes:

Most Inspiring Quote:

Name of Allah to Reflect On:

**JUMADA-I 14, 1442
(MONDAY, DECEMBER 28, 2020)**

TASKS:	GOALS:
☐	★
☐	★
☐	★
☐	★
☐	★
☐	★
☐	
☐	**I'M GRATEFUL FOR:**
☐	♥
☐	♥
☐	♥
☐	♥

Notes:

Most Inspiring Quote:

Name of Allah to Reflect On:

**JUMADA-I 15, 1442
(TUESDAY, DECEMBER 29, 2020)**

TASKS:	GOALS:
☐	★
☐	★
☐	★
☐	★
☐	★
☐	★
☐	
☐	**I'M GRATEFUL FOR:**
☐	♥
☐	♥
☐	♥
☐	♥

Notes:

Most Inspiring Quote:

Name of Allah to Reflect On:

**JUMADA-I 16, 1442
(WEDNESDAY, DECEMBER 30, 2020)**

TASKS:	GOALS:
☐ _____	★ _____
☐ _____	★ _____
☐ _____	★ _____
☐ _____	★ _____
☐ _____	★ _____
☐ _____	★ _____
☐ _____	
☐ _____	**I'M GRATEFUL FOR:**
☐ _____	♥ _____
☐ _____	♥ _____
☐ _____	♥ _____
☐ _____	♥ _____

Notes:

Most Inspiring Quote:

Name of Allah to Reflect On:

JUMADA-I 17, 1442
(THURSDAY, DECEMBER 31, 2020)

TASKS:
- [ ]
- [ ]
- [ ]
- [ ]
- [ ]
- [ ]
- [ ]
- [ ]
- [ ]
- [ ]
- [ ]
- [ ]

GOALS:
- ★
- ★
- ★
- ★
- ★

I'M GRATEFUL FOR:
- ♥
- ♥
- ♥
- ♥

Notes:

Most Inspiring Quote:

Name of Allah to Reflect On:

**JUMADA-I 18, 1442
(FRIDAY, JANUARY 1, 2021)**

TASKS:	GOALS:
☐	★
☐	★
☐	★
☐	★
☐	★
☐	★
☐	
☐	**I'M GRATEFUL FOR:**
☐	♥
☐	♥
☐	♥
☐	♥

Notes:

Most Inspiring Quote:

Name of Allah to Reflect On:

**JUMADA-I 19, 1442
(SATURDAY, JANUARY 2, 2021)**

TASKS:
- [ ]
- [ ]
- [ ]
- [ ]
- [ ]
- [ ]
- [ ]
- [ ]
- [ ]
- [ ]
- [ ]
- [ ]

GOALS:
★
★
★
★
★
★

I'M GRATEFUL FOR:
♥
♥
♥
♥

Notes:

Most Inspiring Quote:

Name of Allah to Reflect On:

**JUMADA-I 20, 1442
(SUNDAY, JANUARY 3, 2021)**

TASKS:
- ☐
- ☐
- ☐
- ☐
- ☐
- ☐
- ☐
- ☐
- ☐
- ☐
- ☐
- ☐

GOALS:
- ★
- ★
- ★
- ★
- ★
- ★

I'M GRATEFUL FOR:
- ♥
- ♥
- ♥
- ♥

Notes:

Most Inspiring Quote:

Name of Allah to Reflect On:

**JUMADA-I 21, 1442
(MONDAY, JANUARY 4, 2021)**

TASKS:	GOALS:
☐	★
☐	★
☐	★
☐	★
☐	★
☐	★
☐	
☐	**I'M GRATEFUL FOR:**
☐	♥
☐	♥
☐	♥
☐	♥

Notes:

Most Inspiring Quote:

Name of Allah to Reflect On:

**JUMADA-I 22, 1442
(TUESDAY, JANUARY 5, 2021)**

TASKS:
- ☐ _____
- ☐ _____
- ☐ _____
- ☐ _____
- ☐ _____
- ☐ _____
- ☐ _____
- ☐ _____
- ☐ _____
- ☐ _____
- ☐ _____
- ☐ _____

GOALS:
- ★ _____
- ★ _____
- ★ _____
- ★ _____
- ★ _____
- ★ _____

I'M GRATEFUL FOR:
- ♥ _____
- ♥ _____
- ♥ _____
- ♥ _____

Notes:

Most Inspiring Quote:

Name of Allah to Reflect On:

JUMADA-I 23, 1442
(WEDNESDAY, JANUARY 6, 2021)

TASKS:	GOALS:
☐	★
☐	★
☐	★
☐	★
☐	★
☐	★
☐	
☐	**I'M GRATEFUL FOR:**
☐	♥
☐	♥
☐	♥
☐	♥

Notes:

Most Inspiring Quote:

Name of Allah to Reflect On:

**JUMADA-I 24, 1442
(THURSDAY, JANUARY 7, 2021)**

TASKS:	GOALS:
☐ _____	★ _____
☐ _____	★ _____
☐ _____	★ _____
☐ _____	★ _____
☐ _____	★ _____
☐ _____	★ _____
☐ _____	
☐ _____	**I'M GRATEFUL FOR:**
☐ _____	♥ _____
☐ _____	♥ _____
☐ _____	♥ _____
☐ _____	♥ _____

Notes:

Most Inspiring Quote:

Name of Allah to Reflect On:

Most Inspiring Quote:

Name of Allah to Reflect On:

**JUMADA-I 26, 1442
(SATURDAY, JANUARY 9, 2021)**

TASKS:	GOALS:
☐ _____	★ _____
☐ _____	★ _____
☐ _____	★ _____
☐ _____	★ _____
☐ _____	★ _____
☐ _____	★ _____
☐ _____	
☐ _____	**I'M GRATEFUL FOR:**
☐ _____	♥ _____
☐ _____	♥ _____
☐ _____	♥ _____
☐ _____	♥ _____

Notes:

Most Inspiring Quote:

Name of Allah to Reflect On:

**JUMADA-I 27, 1442
(SUNDAY, JANUARY 10, 2021)**

TASKS:	GOALS:
☐	★
☐	★
☐	★
☐	★
☐	★
☐	★
☐	
☐	**I'M GRATEFUL FOR:**
☐	♥
☐	♥
☐	♥
☐	♥

Notes:

Most Inspiring Quote:

Name of Allah to Reflect On:

JUMADA-I 28, 1442
(MONDAY, JANUARY 11, 2021)

TASKS:
- ☐
- ☐
- ☐
- ☐
- ☐
- ☐
- ☐
- ☐
- ☐
- ☐
- ☐
- ☐

GOALS:
- ★
- ★
- ★
- ★
- ★
- ★

I'M GRATEFUL FOR:
- ♥
- ♥
- ♥
- ♥

Notes:

Most Inspiring Quote:

Name of Allah to Reflect On:

**JUMADA-I 29, 1442
(TUESDAY, JANUARY 12, 2021)**

TASKS:	GOALS:
☐	★
☐	★
☐	★
☐	★
☐	★
☐	★
☐	
☐	**I'M GRATEFUL FOR:**
☐	♥
☐	♥
☐	♥
☐	♥

Notes:

Most Inspiring Quote:

Name of Allah to Reflect On:

**JUMADA-I 30, 1442
(WEDNESDAY, JANUARY 13, 2021)**

TASKS:	GOALS:
☐	★
☐	★
☐	★
☐	★
☐	★
☐	★
☐	
☐	**I'M GRATEFUL FOR:**
☐	♥
☐	♥
☐	♥
☐	♥

Notes:

"Blessings of peace, love, faith, etc. are gifts Believers give to other Believers. Masha'Allah."—Papatia Feauxzar

O Allah, bring this month of Jumada II upon us with security, iman, safety, Islam, your pleasure and protection from shaytan.

Name of Allah to Reflect On:

**JUMADA-II 1, 1442
(THURSDAY, JANUARY 14, 2021)**

TASKS:
- ☐ _____
- ☐ _____
- ☐ _____
- ☐ _____
- ☐ _____
- ☐ _____
- ☐ _____
- ☐ _____
- ☐ _____
- ☐ _____
- ☐ _____
- ☐ _____

GOALS:
- ★ _____
- ★ _____
- ★ _____
- ★ _____
- ★ _____
- ★ _____

I'M GRATEFUL FOR:
- ♥ _____
- ♥ _____
- ♥ _____
- ♥ _____

Notes:

"You become successful when the success of others doesn't bother you." — *Papatia Feauxzar*

Name of Allah to Reflect On:

**JUMADA-II 2, 1442
(FRIDAY, JANUARY 15, 2021)**

TASKS:	GOALS:
☐ _____	★ _____
☐ _____	★ _____
☐ _____	★ _____
☐ _____	★ _____
☐ _____	★ _____
☐ _____	★ _____
☐ _____	
☐ _____	**I'M GRATEFUL FOR:**
☐ _____	♥ _____
☐ _____	♥ _____
☐ _____	♥ _____
☐ _____	♥ _____

Notes:

Most Inspiring Quote:

Name of Allah to Reflect On:

**JUMADA-II 3, 1443
(SATURDAY, JANUARY 16, 2021)**

TASKS:	GOALS:
☐	★
☐	★
☐	★
☐	★
☐	★
☐	★
☐	
☐	**I'M GRATEFUL FOR:**
☐	♥
☐	♥
☐	♥
☐	♥

Notes:

Most Inspiring Quote:

Name of Allah to Reflect On:

**JUMADA-II 4, 1442
(SUNDAY, JANUARY 17, 2021)**

TASKS:	GOALS:
☐	★
☐	★
☐	★
☐	★
☐	★
☐	★
☐	
☐	**I'M GRATEFUL FOR:**
☐	♥
☐	♥
☐	♥
☐	♥

Notes:

Most Inspiring Quote:

Name of Allah to Reflect On:

**JUMADA-II 5, 1442
(MONDAY, JANUARY 18, 2021)**

TASKS:	GOALS:
☐ _____	★ _____
☐ _____	★ _____
☐ _____	★ _____
☐ _____	★ _____
☐ _____	★ _____
☐ _____	★ _____
☐ _____	
☐ _____	**I'M GRATEFUL FOR:**
☐ _____	♥ _____
☐ _____	♥ _____
☐ _____	♥ _____
☐ _____	♥ _____

Notes:

Most Inspiring Quote:

Name of Allah to Reflect On:

**JUMADA-II 6, 1442
(TUESDAY, JANUARY 19, 2021)**

TASKS:	GOALS:
☐	★
☐	★
☐	★
☐	★
☐	★
☐	★
☐	
☐	**I'M GRATEFUL FOR:**
☐	♥
☐	♥
☐	♥
☐	♥

Notes:

Most Inspiring Quote:

Name of Allah to Reflect On:

**JUMADA-II 7, 1442
(WEDNESDAY, JANUARY 20, 2021)**

TASKS:	GOALS:
☐	★
☐	★
☐	★
☐	★
☐	★
☐	★
☐	
☐	I'M GRATEFUL FOR:
☐	♥
☐	♥
☐	♥
☐	♥

Notes:

Most Inspiring Quote:

Name of Allah to Reflect On:

**JUMADA-II 8, 1442
(THURSDAY, JANUARY 21, 2021)**

TASKS:	GOALS:
☐	★
☐	★
☐	★
☐	★
☐	★
☐	★
☐	
☐	**I'M GRATEFUL FOR:**
☐	♥
☐	♥
☐	♥
☐	♥

Notes:

Most Inspiring Quote:

Name of Allah to Reflect On:

**JUMADA-II 9, 1442
(FRIDAY, JANUARY 22, 2021)**

TASKS:		GOALS:
☐ _____		★ _____
☐ _____		★ _____
☐ _____		★ _____
☐ _____		★ _____
☐ _____		★ _____
☐ _____		★ _____
☐ _____		
☐ _____		**I'M GRATEFUL FOR:**
☐ _____		♥ _____
☐ _____		♥ _____
☐ _____		♥ _____
☐ _____		♥ _____

Notes:

Most Inspiring Quote:

Name of Allah to Reflect On:

**JUMADA-II 10, 1442
(SATURDAY, JANUARY 23, 2021)**

TASKS:	GOALS:

I'M GRATEFUL FOR:

Notes:

Most Inspiring Quote:

Name of Allah to Reflect On:

**JUMADA-II 11, 1442
(SUNDAY, JANUARY 24, 2021)**

TASKS:	GOALS:
☐	★
☐	★
☐	★
☐	★
☐	★
☐	★
☐	
☐	**I'M GRATEFUL FOR:**
☐	♥
☐	♥
☐	♥
☐	♥

Notes:

Most Inspiring Quote:

Name of Allah to Reflect On:

**JUMADA-II 12, 1442
(MONDAY, JANUARY 25, 2021)**

TASKS:	GOALS:
☐	★
☐	★
☐	★
☐	★
☐	★
☐	★
☐	
☐	**I'M GRATEFUL FOR:**
☐	♥
☐	♥
☐	♥
☐	♥

Notes:

Most Inspiring Quote:

Name of Allah to Reflect On:

**JUMADA-II 13, 1442
(TUESDAY, JANUARY 26, 2021)**

TASKS:
-
-
-
-
-
-
-
-
-
-
-
-

GOALS:
★
★
★
★
★
★

I'M GRATEFUL FOR:
♥
♥
♥
♥

Notes:

Most Inspiring Quote:

Name of Allah to Reflect On:

**JUMADA-II 14, 1442
(WEDNESDAY, JANUARY 27, 2021)**

TASKS:	GOALS:
☐	★
☐	★
☐	★
☐	★
☐	★
☐	★

I'M GRATEFUL FOR:
♥
♥
♥
♥

Notes:

Most Inspiring Quote:

Name of Allah to Reflect On:

**JUMADA-II 15, 1442
(THURSDAY, JANUARY 28, 2021)**

TASKS:
- [ ] _____
- [ ] _____
- [ ] _____
- [ ] _____
- [ ] _____
- [ ] _____
- [ ] _____
- [ ] _____
- [ ] _____
- [ ] _____
- [ ] _____
- [ ] _____

GOALS:
★ _____
★ _____
★ _____
★ _____
★ _____
★ _____

I'M GRATEFUL FOR:
♥ _____
♥ _____
♥ _____
♥ _____

Notes:

Most Inspiring Quote:

Name of Allah to Reflect On:

**JUMADA-II 16, 1442
(FRIDAY, JANUARY 29, 2021)**

TASKS:
- ☐
- ☐
- ☐
- ☐
- ☐
- ☐
- ☐
- ☐
- ☐
- ☐
- ☐
- ☐

GOALS:
★
★
★
★
★
★

I'M GRATEFUL FOR:
♥
♥
♥
♥

Notes:

Most Inspiring Quote:

Name of Allah to Reflect On:

**JUMADA-II 17, 1442
(SATURDAY, JANUARY 30, 2021)**

TASKS:		GOALS:
☐	★	
☐	★	
☐	★	
☐	★	
☐	★	
☐	★	
☐		
☐	**I'M GRATEFUL FOR:**	
☐	♥	
☐	♥	
☐	♥	
☐	♥	

Notes:

Most Inspiring Quote:

Name of Allah to Reflect On:

**JUMADA-II 18, 1442
(SUNDAY, JANUARY 31, 2021)**

TASKS:
- [ ]
- [ ]
- [ ]
- [ ]
- [ ]
- [ ]
- [ ]
- [ ]
- [ ]
- [ ]
- [ ]
- [ ]

GOALS:
★
★
★
★
★
★

I'M GRATEFUL FOR:
♥
♥
♥
♥

Notes:

Most Inspiring Quote:

Name of Allah to Reflect On:

**JUMADA-II 19, 1442
(MONDAY, FEBRUARY 1, 2021)**

TASKS:
- [ ]
- [ ]
- [ ]
- [ ]
- [ ]
- [ ]
- [ ]
- [ ]
- [ ]
- [ ]
- [ ]
- [ ]

GOALS:
★
★
★
★
★
★

I'M GRATEFUL FOR:
♥
♥
♥
♥

Notes:

Most Inspiring Quote:

Name of Allah to Reflect On:

**JUMADA-II 20, 1442
(TUESDAY, FEBRUARY 2, 2021)**

TASKS:
- [ ]
- [ ]
- [ ]
- [ ]
- [ ]
- [ ]
- [ ]
- [ ]
- [ ]
- [ ]
- [ ]
- [ ]

GOALS:
★
★
★
★
★
★

I'M GRATEFUL FOR:
♥
♥
♥
♥

Notes:

Most Inspiring Quote:

Name of Allah to Reflect On:

**JUMADA-II 21, 1442
(WEDNESDAY, FEBRUARY 3, 2021)**

TASKS:
- [ ] _____
- [ ] _____
- [ ] _____
- [ ] _____
- [ ] _____
- [ ] _____
- [ ] _____
- [ ] _____
- [ ] _____
- [ ] _____
- [ ] _____
- [ ] _____

GOALS:
★ _____
★ _____
★ _____
★ _____
★ _____
★ _____

I'M GRATEFUL FOR:
♥ _____
♥ _____
♥ _____
♥ _____

Notes:

Most Inspiring Quote:

Name of Allah to Reflect On:

**JUMADA-II 22, 1442
(THURSDAY, FEBRUARY 4, 2021)**

TASKS:	GOALS:
☐	★
☐	★
☐	★
☐	★
☐	★
☐	★
☐	
☐	**I'M GRATEFUL FOR:**
☐	♥
☐	♥
☐	♥
☐	♥

Notes:

Most Inspiring Quote:

Name of Allah to Reflect On:

**JUMADA-II 23, 1442
(FRIDAY, FEBRUARY 5, 2021)**

TASKS:	GOALS:
☐	★
☐	★
☐	★
☐	★
☐	★
☐	★
☐	
☐	**I'M GRATEFUL FOR:**
☐	♥
☐	♥
☐	♥
☐	♥

Notes:

Most Inspiring Quote:

Name of Allah to Reflect On:

**JUMADA-II 24, 1442
(SATURDAY, FEBRUARY 6, 2021)**

TASKS:
- [ ]
- [ ]
- [ ]
- [ ]
- [ ]
- [ ]
- [ ]
- [ ]
- [ ]
- [ ]
- [ ]
- [ ]

GOALS:
★
★
★
★
★
★

I'M GRATEFUL FOR:
♥
♥
♥
♥

Notes:

Most Inspiring Quote:

Name of Allah to Reflect On:

**JUMADA-II 25, 1442
(SUNDAY, FEBRUARY 7, 2021)**

TASKS:	GOALS:
☐	★
☐	★
☐	★
☐	★
☐	★
☐	★
☐	
☐	**I'M GRATEFUL FOR:**
☐	♥
☐	♥
☐	♥
☐	♥

Notes:

Most Inspiring Quote:

Name of Allah to Reflect On:

**JUMADA-II 26, 1442
(MONDAY, FEBRUARY 8, 2021)**

TASKS:	GOALS:
☐	★
☐	★
☐	★
☐	★
☐	★
☐	★

	I'M GRATEFUL FOR:
☐	♥
☐	♥
☐	♥
☐	♥
☐	

Notes:

Most Inspiring Quote:

Name of Allah to Reflect On:

**JUMADA-II 27, 1442
(TUESDAY, FEBRUARY 9, 2021)**

TASKS:	GOALS:
☐	★
☐	★
☐	★
☐	★
☐	★
☐	★
☐	
☐	**I'M GRATEFUL FOR:**
☐	♥
☐	♥
☐	♥
☐	♥

Notes:

Most Inspiring Quote:

Name of Allah to Reflect On:

**JUMADA-II 28, 1441
(WEDNESDAY, FEBRUARY 10, 2021)**

TASKS:	GOALS:
☐	★
☐	★
☐	★
☐	★
☐	★
☐	★
☐	
☐	**I'M GRATEFUL FOR:**
☐	♥
☐	♥
☐	♥
☐	♥

Notes:

Most Inspiring Quote:

Name of Allah to Reflect On:

JUMADA-II 29, 1442
(THURSDAY, FEBRUARY 11, 2021)

TASKS:	GOALS:
☐	★
☐	★
☐	★
☐	★
☐	★
☐	★
☐	
☐	**I'M GRATEFUL FOR:**
☐	♥
☐	♥
☐	♥
☐	♥

Notes:

"Your weakness is actually your strength. You just need to know how to harness it and turn it into a weapon." — Papatia Feauxzar

O Allah, bring this month of Rajab upon us with security, iman, safety, Islam, your pleasure and protection from shaytan.

Name of Allah to Reflect On:

RAJAB 1, 1442
(FRIDAY, FEBRUARY 12, 2021)

TASKS:
- ☐ _____
- ☐ _____
- ☐ _____
- ☐ _____
- ☐ _____
- ☐ _____
- ☐ _____
- ☐ _____
- ☐ _____
- ☐ _____
- ☐ _____
- ☐ _____

GOALS:
- ★ _____
- ★ _____
- ★ _____
- ★ _____
- ★ _____
- ★ _____

I'M GRATEFUL FOR:
- ♥ _____
- ♥ _____
- ♥ _____
- ♥ _____

Notes:

"Many doors you will knock at won't open for one reason; there are too small. Allah intends you to go knock at the biggest door made just for YOU. Keep looking, it's out there." — Fofky

Name of Allah to Reflect On:

**RAJAB 2, 1442
(SATURDAY, FEBRUARY 13, 2021)**

TASKS:	GOALS:
☐	★
☐	★
☐	★
☐	★
☐	★
☐	★
☐	
☐	**I'M GRATEFUL FOR:**
☐	♥
☐	♥
☐	♥
☐	♥

Notes:

Most Inspiring Quote:

Name of Allah to Reflect On:

**RAJAB 3, 1442
(SUNDAY, FEBRUARY 14, 2021)**

TASKS:	GOALS:
☐	★
☐	★
☐	★
☐	★
☐	★
☐	★
☐	
☐	**I'M GRATEFUL FOR:**
☐	♥
☐	♥
☐	♥
☐	♥

Notes:

Most Inspiring Quote:

Name of Allah to Reflect On:

RAJAB 4, 1442
(MONDAY, FEBRUARY 15, 2021)

TASKS:		GOALS:
☐		★
☐		★
☐		★
☐		★
☐		★
☐		★
☐		
☐		I'M GRATEFUL FOR:
☐		♥
☐		♥
☐		♥
☐		♥

Notes:

Most Inspiring Quote:

Name of Allah to Reflect On:

**RAJAB 5, 1442
(TUESDAY, FEBRUARY 16, 2021)**

TASKS:	GOALS:
☐	★
☐	★
☐	★
☐	★
☐	★
☐	★
☐	
☐	I'M GRATEFUL FOR:
☐	♥
☐	♥
☐	♥
☐	♥

Notes:

Most Inspiring Quote:

Name of Allah to Reflect On:

**RAJAB 6, 1442
(WEDNESDAY, FEBRUARY 17, 2021)**

TASKS:	GOALS:
☐	★
☐	★
☐	★
☐	★
☐	★
☐	★
☐	
☐	**I'M GRATEFUL FOR:**
☐	♥
☐	♥
☐	♥
☐	♥

Notes:

Most Inspiring Quote:

Name of Allah to Reflect On:

RAJAB 7, 1442
(THURSDAY, FEBRUARY 18, 2021)

TASKS:	GOALS:
☐	★
☐	★
☐	★
☐	★
☐	★
☐	★
☐	
☐	**I'M GRATEFUL FOR:**
☐	♥
☐	♥
☐	♥
☐	♥

Notes:

Most Inspiring Quote:

Name of Allah to Reflect On:

**RAJAB 8, 1442
(FRIDAY, FEBRUARY 19, 2021)**

TASKS:	GOALS:
☐	★
☐	★
☐	★
☐	★
☐	★
☐	★
☐	
☐	I'M GRATEFUL FOR:
☐	♥
☐	♥
☐	♥
☐	♥

Notes:

Most Inspiring Quote:

Name of Allah to Reflect On:

RAJAB 9, 1442
(SATURDAY, FEBRUARY 20, 2021)

TASKS:	GOALS:
☐	★
☐	★
☐	★
☐	★
☐	★
☐	★
☐	
☐	**I'M GRATEFUL FOR:**
☐	♥
☐	♥
☐	♥
☐	♥

Notes:

Most Inspiring Quote:

Name of Allah to Reflect On:

RAJAB 10, 1442
(SUNDAY, FEBRUARY 21, 2021)

TASKS:	GOALS:
☐	★
☐	★
☐	★
☐	★
☐	★
☐	★
☐	
☐	**I'M GRATEFUL FOR:**
☐	♥
☐	♥
☐	♥
☐	♥

Notes:

Most Inspiring Quote:

Name of Allah to Reflect On:

**RAJAB 11, 1442
(MONDAY, FEBRUARY 22, 2021)**

TASKS:	GOALS:
☐	★
☐	★
☐	★
☐	★
☐	★
☐	★
☐	**I'M GRATEFUL FOR:**
☐	♥
☐	♥
☐	♥
☐	♥
☐	

Notes:

Most Inspiring Quote:

Name of Allah to Reflect On:

RAJAB 12, 1442
(TUESDAY, FEBRUARY 23, 2021)

TASKS:	GOALS:
☐	★
☐	★
☐	★
☐	★
☐	★
☐	★
☐	
☐	**I'M GRATEFUL FOR:**
☐	♥
☐	♥
☐	♥
☐	♥

Notes:

Most Inspiring Quote:

Name of Allah to Reflect On:

RAJAB 13, 1442
(WEDNESDAY, FEBRUARY 24, 2021)

TASKS:	GOALS:
☐	★
☐	★
☐	★
☐	★
☐	★
☐	★
☐	
☐	**I'M GRATEFUL FOR:**
☐	♥
☐	♥
☐	♥
☐	♥

Notes:

Most Inspiring Quote:

Name of Allah to Reflect On:

**RAJAB 14, 1442
(THURSDAY, FEBRUARY 25, 2021)**

TASKS:	GOALS:
☐	★
☐	★
☐	★
☐	★
☐	★
☐	★
☐	
☐	**I'M GRATEFUL FOR:**
☐	♥
☐	♥
☐	♥
☐	♥

Notes:

Most Inspiring Quote:

Name of Allah to Reflect On:

RAJAB 15, 1442
(FRIDAY, FEBRUARY 26, 2021)

TASKS:
- ☐ _____
- ☐ _____
- ☐ _____
- ☐ _____
- ☐ _____
- ☐ _____
- ☐ _____
- ☐ _____
- ☐ _____
- ☐ _____
- ☐ _____
- ☐ _____

GOALS:
- ★ _____
- ★ _____
- ★ _____
- ★ _____
- ★ _____
- ★ _____

I'M GRATEFUL FOR:
- ♥ _____
- ♥ _____
- ♥ _____
- ♥ _____

Notes:

Most Inspiring Quote:

Name of Allah to Reflect On:

**RAJAB 16, 1442
(SATURDAY, FEBRUARY 27, 2021)**

TASKS:		GOALS:	
☐		★	
☐		★	
☐		★	
☐		★	
☐		★	
☐		★	
☐			
☐		**I'M GRATEFUL FOR:**	
☐		♥	
☐		♥	
☐		♥	
☐		♥	

Notes:

Most Inspiring Quote:

Name of Allah to Reflect On:

**RAJAB 17, 1442
(SUNDAY, FEBRUARY 28, 2021)**

TASKS:	GOALS:
☐ _____	★ _____
☐ _____	★ _____
☐ _____	★ _____
☐ _____	★ _____
☐ _____	★ _____
☐ _____	★ _____
☐ _____	
☐ _____	**I'M GRATEFUL FOR:**
☐ _____	♥ _____
☐ _____	♥ _____
☐ _____	♥ _____
☐ _____	♥ _____

Notes:

Most Inspiring Quote:

Name of Allah to Reflect On:

RAJAB 18, 1442
(MONDAY, MARCH 1, 2021)

TASKS:	GOALS:
☐	★
☐	★
☐	★
☐	★
☐	★
☐	★
☐	
☐	**I'M GRATEFUL FOR:**
☐	♥
☐	♥
☐	♥
☐	♥

Notes:

Most Inspiring Quote:

Name of Allah to Reflect On:

**RAJAB 19, 1442
(TUESDAY, MARCH 2, 2021)**

TASKS:		GOALS:
☐		★
☐		★
☐		★
☐		★
☐		★
☐		★
☐		
☐		I'M GRATEFUL FOR:
☐		♥
☐		♥
☐		♥
☐		♥

Notes:

Most Inspiring Quote:

Name of Allah to Reflect On:

**RAJAB 20, 1442
(WEDNESDAY, MARCH 3, 2021)**

TASKS:	GOALS:
☐	★
☐	★
☐	★
☐	★
☐	★
☐	★
☐	
☐	**I'M GRATEFUL FOR:**
☐	♥
☐	♥
☐	♥
☐	♥

Notes:

Most Inspiring Quote:

Name of Allah to Reflect On:

RAJAB 21, 1442
(THURSDAY, MARCH 4, 2021)

TASKS:
- [ ] _____
- [ ] _____
- [ ] _____
- [ ] _____
- [ ] _____
- [ ] _____
- [ ] _____
- [ ] _____
- [ ] _____
- [ ] _____
- [ ] _____
- [ ] _____

GOALS:
★ _____
★ _____
★ _____
★ _____
★ _____
★ _____

I'M GRATEFUL FOR:
♥ _____
♥ _____
♥ _____
♥ _____

Notes:

Most Inspiring Quote:

Name of Allah to Reflect On:

**RAJAB 22, 1442
(FRIDAY, MARCH 5, 2021)**

TASKS:	GOALS:
☐	★
☐	★
☐	★
☐	★
☐	★
☐	★
☐	
☐	**I'M GRATEFUL FOR:**
☐	♥
☐	♥
☐	♥
☐	♥

Notes:

Most Inspiring Quote:

Name of Allah to Reflect On:

**RAJAB 23, 1442
(SATURDAY, MARCH 6, 2021)**

TASKS:
- ☐
- ☐
- ☐
- ☐
- ☐
- ☐
- ☐
- ☐
- ☐
- ☐
- ☐
- ☐

GOALS:
- ★
- ★
- ★
- ★
- ★
- ★

I'M GRATEFUL FOR:
- ♥
- ♥
- ♥
- ♥

Notes:

Most Inspiring Quote:

Name of Allah to Reflect On:

RAJAB 24, 1442
(SUNDAY, MARCH 7, 2021)

TASKS:	GOALS:
☐	★
☐	★
☐	★
☐	★
☐	★
☐	★
☐	
☐	**I'M GRATEFUL FOR:**
☐	♥
☐	♥
☐	♥
☐	♥

Notes:

Most Inspiring Quote:

Name of Allah to Reflect On:

RAJAB 25, 1442
(MONDAY, MARCH 8, 2021)

TASKS:	GOALS:
☐ _____	★ _____
☐ _____	★ _____
☐ _____	★ _____
☐ _____	★ _____
☐ _____	★ _____
☐ _____	★ _____
☐ _____	
☐ _____	**I'M GRATEFUL FOR:**
☐ _____	♥ _____
☐ _____	♥ _____
☐ _____	♥ _____
☐ _____	♥ _____

Notes:

Most Inspiring Quote:

Name of Allah to Reflect On:

RAJAB 26, 1442
(TUESDAY, MARCH 9, 2021)

TASKS:	GOALS:
☐	★
☐	★
☐	★
☐	★
☐	★
☐	★
☐	
☐	**I'M GRATEFUL FOR:**
☐	♥
☐	♥
☐	♥
☐	♥

Notes:

Most Inspiring Quote:

Name of Allah to Reflect On:

RAJAB 27, 1442
(WEDNESDAY, MARCH 10, 2021)

TASKS:	GOALS:
☐ _____	★ _____
☐ _____	★ _____
☐ _____	★ _____
☐ _____	★ _____
☐ _____	★ _____
☐ _____	★ _____
☐ _____	
☐ _____	**I'M GRATEFUL FOR:**
☐ _____	♥ _____
☐ _____	♥ _____
☐ _____	♥ _____
☐ _____	♥ _____

Notes:

Most Inspiring Quote:

Name of Allah to Reflect On:

**RAJAB 28, 1442
(THURSDAY, MARCH 11, 2021)**

TASKS:	GOALS:
☐	★
☐	★
☐	★
☐	★
☐	★
☐	★
☐	
☐	**I'M GRATEFUL FOR:**
☐	♥
☐	♥
☐	♥
☐	♥

Event: Miraj

Notes:

Most Inspiring Quote:

Name of Allah to Reflect On:

**RAJAB 29, 1442
(FRIDAY, MARCH 12, 2021)**

TASKS:		GOALS:
☐		★
☐		★
☐		★
☐		★
☐		★
☐		★
☐		**I'M GRATEFUL FOR:**
☐		♥
☐		♥
☐		♥
☐		♥
☐		

Notes:

Most Inspiring Quote:

Name of Allah to Reflect On:

**RAJAB 30, 1442
(SATURDAY, MARCH 13, 2021)**

TASKS:	GOALS:
☐ _____	★ _____
☐ _____	★ _____
☐ _____	★ _____
☐ _____	★ _____
☐ _____	★ _____
☐ _____	★ _____
☐ _____	
☐ _____	**I'M GRATEFUL FOR:**
☐ _____	♥ _____
☐ _____	♥ _____
☐ _____	♥ _____
☐ _____	♥ _____

Notes:

Writing is a total recall of all the places your soul has been at." — Fofky

O Allah, bring this month of Shaban upon us with security, iman, safety, Islam, your pleasure and protection from shaytan.

Name of Allah to Reflect On:

**SHABAN 1, 1442
(SUNDAY, MARCH 14, 2021)**

TASKS:
- [ ]
- [ ]
- [ ]
- [ ]
- [ ]
- [ ]
- [ ]
- [ ]
- [ ]
- [ ]
- [ ]
- [ ]

GOALS:
★
★
★
★
★
★

I'M GRATEFUL FOR:
♥
♥
♥
♥

Notes:

"Don't bite at the bait set by repeating narcissists, rude people, manipulators, and ingrates. Simply put, be no one's fool." — Fofky

Name of Allah to Reflect On:

**SHABAN 2, 1442
(MONDAY, MARCH 15, 2021)**

TASKS:	GOALS:
☐	★
☐	★
☐	★
☐	★
☐	★
☐	★
☐	
☐	**I'M GRATEFUL FOR:**
☐	♥
☐	♥
☐	♥
☐	♥

Notes:

Most Inspiring Quote:

Name of Allah to Reflect On:

**SHABAN 3, 1442
(TUESDAY, MARCH 16, 2021)**

TASKS:	GOALS:
☐	★
☐	★
☐	★
☐	★
☐	★
☐	★
☐	
☐	**I'M GRATEFUL FOR:**
☐	♥
☐	♥
☐	♥
☐	♥

Notes:

Most Inspiring Quote:

Name of Allah to Reflect On:

SHABAN 4, 1442
(WEDNESDAY, MARCH 17, 2021)

TASKS:	GOALS:
☐	★
☐	★
☐	★
☐	★
☐	★
☐	★
☐	
☐	**I'M GRATEFUL FOR:**
☐	♥
☐	♥
☐	♥
☐	♥

Notes:

Most Inspiring Quote:

Name of Allah to Reflect On:

**SHABAN 5, 1442
(THURSDAY, MARCH 18, 2021)**

TASKS:	GOALS:
☐	★
☐	★
☐	★
☐	★
☐	★
☐	★
☐	
☐	**I'M GRATEFUL FOR:**
☐	♥
☐	♥
☐	♥
☐	♥

Notes:

Most Inspiring Quote:

Name of Allah to Reflect On:

**SHABAN 6, 1442
(FRIDAY, MARCH 19, 2021)**

TASKS:	GOALS:
☐	★
☐	★
☐	★
☐	★
☐	★
☐	★
☐	
☐	**I'M GRATEFUL FOR:**
☐	♥
☐	♥
☐	♥
☐	♥

Notes:

Most Inspiring Quote:

Name of Allah to Reflect On:

**SHABAN 7, 1442
(SATURDAY, MARCH 20, 2021)**

TASKS:
-
-
-
-
-
-
-
-
-
-
-
-

GOALS:
★
★
★
★
★
★

I'M GRATEFUL FOR:
♥
♥
♥
♥

Notes:

Most Inspiring Quote:

Name of Allah to Reflect On:

**SHABAN 8, 1442
(SUNDAY, MARCH 21, 2021)**

TASKS:	GOALS:
☐	★
☐	★
☐	★
☐	★
☐	★
☐	★
☐	
☐	**I'M GRATEFUL FOR:**
☐	♥
☐	♥
☐	♥
☐	♥

Notes:

Most Inspiring Quote:

Name of Allah to Reflect On:

**SHABAN 9, 1442
(MONDAY, MARCH 22, 2021)**

TASKS:
- ☐
- ☐
- ☐
- ☐
- ☐
- ☐
- ☐
- ☐
- ☐
- ☐
- ☐
- ☐

GOALS:
- ★
- ★
- ★
- ★
- ★
- ★

I'M GRATEFUL FOR:
- ♥
- ♥
- ♥
- ♥

Notes:

Most Inspiring Quote:

Name of Allah to Reflect On:

**SHABAN 10, 1442
(TUESDAY, MARCH 23, 2021)**

TASKS:	GOALS:
☐ _____	★ _____
☐ _____	★ _____
☐ _____	★ _____
☐ _____	★ _____
☐ _____	★ _____
☐ _____	★ _____
☐ _____	
☐ _____	**I'M GRATEFUL FOR:**
☐ _____	♥ _____
☐ _____	♥ _____
☐ _____	♥ _____
☐ _____	♥ _____

Notes:

Most Inspiring Quote:

Name of Allah to Reflect On:

SHABAN 11, 1442
(WEDNESDAY, MARCH 24, 2021)

TASKS:
- ☐
- ☐
- ☐
- ☐
- ☐
- ☐
- ☐
- ☐
- ☐
- ☐
- ☐
- ☐

GOALS:
- ★
- ★
- ★
- ★
- ★
- ★

I'M GRATEFUL FOR:
- ♥
- ♥
- ♥
- ♥

Notes:

Most Inspiring Quote:

Name of Allah to Reflect On:

**SHABAN 12, 1442
(THURSDAY, MARCH 25, 2021)**

TASKS:
- ☐ _____
- ☐ _____
- ☐ _____
- ☐ _____
- ☐ _____
- ☐ _____
- ☐ _____
- ☐ _____
- ☐ _____
- ☐ _____
- ☐ _____
- ☐ _____

GOALS:
- ★ _____
- ★ _____
- ★ _____
- ★ _____
- ★ _____
- ★ _____

I'M GRATEFUL FOR:
- ♥ _____
- ♥ _____
- ♥ _____
- ♥ _____

Notes:

Most Inspiring Quote:

Name of Allah to Reflect On:

**SHABAN 13, 1442
(FRIDAY, MARCH 26, 2021)**

TASKS:	GOALS:
☐	★
☐	★
☐	★
☐	★
☐	★
☐	★
☐	
☐	**I'M GRATEFUL FOR:**
☐	♥
☐	♥
☐	♥
☐	♥

Notes:

Most Inspiring Quote:

Name of Allah to Reflect On:

**SHABAN 14, 1442
(SATURDAY, MARCH 27, 2021)**

TASKS:	GOALS:
☐ _____	★ _____
☐ _____	★ _____
☐ _____	★ _____
☐ _____	★ _____
☐ _____	★ _____
☐ _____	★ _____
☐ _____	
☐ _____	**I'M GRATEFUL FOR:**
☐ _____	♥ _____
☐ _____	♥ _____
☐ _____	♥ _____
☐ _____	♥ _____

Notes:

Most Inspiring Quote:

Name of Allah to Reflect On:

**SHABAN 15, 1442
(SUNDAY, MARCH 28, 2021)**

TASKS:	GOALS:
☐	★
☐	★
☐	★
☐	★
☐	★
☐	★
☐	
☐	**I'M GRATEFUL FOR:**
☐	♥
☐	♥
☐	♥
☐	♥

Event: Lailat-ul-Barat

Notes:

Most Inspiring Quote:

Name of Allah to Reflect On:

**SHABAN 16, 1442
(MONDAY, MARCH 29, 2021)**

TASKS:	GOALS:
☐	★
☐	★
☐	★
☐	★
☐	★
☐	★
☐	
☐	**I'M GRATEFUL FOR:**
☐	♥
☐	♥
☐	♥
☐	♥

Notes:

Most Inspiring Quote:

Name of Allah to Reflect On:

SHABAN 17, 1442
(TUESDAY, MARCH 30, 2021)

TASKS:	GOALS:
☐	★
☐	★
☐	★
☐	★
☐	★
☐	★
☐	
☐	**I'M GRATEFUL FOR:**
☐	♥
☐	♥
☐	♥
☐	♥

Notes:

Most Inspiring Quote:

Name of Allah to Reflect On:

SHABAN 18, 1442
(WEDNESDAY, MARCH 31, 2021)

TASKS:	GOALS:
☐	★
☐	★
☐	★
☐	★
☐	★
☐	★
☐	
☐	**I'M GRATEFUL FOR:**
☐	♥
☐	♥
☐	♥
☐	♥

Notes:

Most Inspiring Quote:

Name of Allah to Reflect On:

**SHABAN 19, 1442
(THURSDAY, APRIL 1, 2021)**

TASKS:	GOALS:
☐	★
☐	★
☐	★
☐	★
☐	★
☐	★
☐	
☐	**I'M GRATEFUL FOR:**
☐	♥
☐	♥
☐	♥
☐	♥

Notes:

Most Inspiring Quote:

Name of Allah to Reflect On:

**SHABAN 20, 1442
(FRIDAY, APRIL 2, 2021)**

TASKS:
- [ ]
- [ ]
- [ ]
- [ ]
- [ ]
- [ ]
- [ ]
- [ ]
- [ ]
- [ ]
- [ ]
- [ ]

GOALS:
★
★
★
★
★
★

I'M GRATEFUL FOR:
♥
♥
♥
♥

Notes:

Most Inspiring Quote:

Name of Allah to Reflect On:

**SHABAN 21, 1442
(SATURDAY, APRIL 3, 2021)**

TASKS:	GOALS:
☐	★
☐	★
☐	★
☐	★
☐	★
☐	★
☐	
☐	**I'M GRATEFUL FOR:**
☐	♥
☐	♥
☐	♥
☐	♥

Notes:

Most Inspiring Quote:

Name of Allah to Reflect On:

**SHABAN 22, 1442
(SUNDAY, APRIL 4, 2021)**

TASKS:		GOALS:
☐		★
☐		★
☐		★
☐		★
☐		★
☐		★
☐		
☐		I'M GRATEFUL FOR:
☐		♥
☐		♥
☐		♥
☐		♥

Notes:

Most Inspiring Quote:

Name of Allah to Reflect On:

SHABAN 23, 1442
(MONDAY, APRIL 5, 2021)

TASKS:	GOALS:
☐	★
☐	★
☐	★
☐	★
☐	★
☐	★
☐	
☐	**I'M GRATEFUL FOR:**
☐	♥
☐	♥
☐	♥
☐	♥

Notes:

Most Inspiring Quote:

Name of Allah to Reflect On:

**SHABAN 24, 1442
(TUESDAY, APRIL 6, 2021)**

TASKS:	GOALS:
☐	★
☐	★
☐	★
☐	★
☐	★
☐	★
☐	
☐	**I'M GRATEFUL FOR:**
☐	♥
☐	♥
☐	♥
☐	♥

Notes:

Most Inspiring Quote:

Name of Allah to Reflect On:

**SHABAN 25, 1442
(WEDNESDAY, APRIL 7, 2021)**

TASKS:

GOALS:

I'M GRATEFUL FOR:

Notes:

Most Inspiring Quote:

Name of Allah to Reflect On:

**SHABAN 26, 1442
(THURSDAY, APRIL 8, 2021)**

TASKS:	GOALS:
☐	★
☐	★
☐	★
☐	★
☐	★
☐	★
☐	
☐	**I'M GRATEFUL FOR:**
☐	♥
☐	♥
☐	♥
☐	♥

Notes:

Most Inspiring Quote:

Name of Allah to Reflect On:

**SHABAN 27, 1442
(FRIDAY, APRIL 9, 2021)**

TASKS:	GOALS:
☐	★
☐	★
☐	★
☐	★
☐	★
☐	★
☐	
☐	**I'M GRATEFUL FOR:**
☐	♥
☐	♥
☐	♥
☐	♥

Notes:

Most Inspiring Quote:

Name of Allah to Reflect On:

**SHABAN 28, 1442
(SATURDAY, APRIL 10, 2021)**

TASKS:
- ☐
- ☐
- ☐
- ☐
- ☐
- ☐
- ☐
- ☐
- ☐
- ☐
- ☐
- ☐

GOALS:
- ★
- ★
- ★
- ★
- ★
- ★

I'M GRATEFUL FOR:
- ♥
- ♥
- ♥
- ♥

Notes:

Most Inspiring Quote:

Name of Allah to Reflect On:

SHABAN 29, 1442
(SUNDAY, APRIL 11, 2021)

TASKS:
- ☐ _____
- ☐ _____
- ☐ _____
- ☐ _____
- ☐ _____
- ☐ _____
- ☐ _____
- ☐ _____
- ☐ _____
- ☐ _____
- ☐ _____
- ☐ _____

GOALS:
- ★ _____
- ★ _____
- ★ _____
- ★ _____
- ★ _____

I'M GRATEFUL FOR:
- ♥ _____
- ♥ _____
- ♥ _____
- ♥ _____

Notes:

"We all write books that are either easy or hard to sell. The time for the hard ones to shine will come in centuries to come insha'Allah." — Fofky

O Allah, bring this month of Ramadan upon us with security, iman, safety, Islam, your pleasure and protection from shaytan.

Name of Allah to Reflect On:

**RAMADAN 1, 1442
(MONDAY, APRIL 12, 2021)**

TASKS:	GOALS:
☐ _____	★ _____
☐ _____	★ _____
☐ _____	★ _____
☐ _____	★ _____
☐ _____	★ _____
☐ _____	★ _____
☐ _____	
☐ _____	**I'M GRATEFUL FOR:**
☐ _____	♥ _____
☐ _____	♥ _____
☐ _____	♥ _____
☐ _____	♥ _____

Notes:

"What you seek is already in front of you. Quit looking somewhere else or searching far. It's staring right back at you. Just look closely." — Fofky

Name of Allah to Reflect On:

**RAMADAN 2, 1442
(TUESDAY, APRIL 13, 2021)**

TASKS:	GOALS:
☐ _____	★ _____
☐ _____	★ _____
☐ _____	★ _____
☐ _____	★ _____
☐ _____	★ _____
☐ _____	★ _____
☐ _____	
☐ _____	**I'M GRATEFUL FOR:**
☐ _____	♥ _____
☐ _____	♥ _____
☐ _____	♥ _____
☐ _____	♥ _____

Notes:

Most Inspiring Quote:

Name of Allah to Reflect On:

**RAMADAN 3, 1442
(WEDNESDAY, APRIL 14, 2021)**

TASKS:	GOALS:
☐	★
☐	★
☐	★
☐	★
☐	★
☐	★
☐	
☐	**I'M GRATEFUL FOR:**
☐	♥
☐	♥
☐	♥
☐	♥

Notes:

Most Inspiring Quote:

Name of Allah to Reflect On:

**RAMADAN 4, 1442
(THURSDAY, APRIL 15, 2021)**

TASKS:	GOALS:
☐ _____	★ _____
☐ _____	★ _____
☐ _____	★ _____
☐ _____	★ _____
☐ _____	★ _____
☐ _____	★ _____
☐ _____	
☐ _____	**I'M GRATEFUL FOR:**
☐ _____	♥ _____
☐ _____	♥ _____
☐ _____	♥ _____
☐ _____	♥ _____

Notes:

Most Inspiring Quote:

Name of Allah to Reflect On:

RAMADAN 5, 1442
(FRIDAY, APRIL 16, 2021)

TASKS:	GOALS:
☐ _____	★ _____
☐ _____	★ _____
☐ _____	★ _____
☐ _____	★ _____
☐ _____	★ _____
☐ _____	★ _____
☐ _____	
☐ _____	**I'M GRATEFUL FOR:**
☐ _____	♥ _____
☐ _____	♥ _____
☐ _____	♥ _____
☐ _____	♥ _____

Notes:

Most Inspiring Quote:

Name of Allah to Reflect On:

**RAMADAN 6, 1442
(SATURDAY, APRIL 17, 2021)**

TASKS:	GOALS:
☐	★
☐	★
☐	★
☐	★
☐	★
☐	★
☐	
☐	**I'M GRATEFUL FOR:**
☐	♥
☐	♥
☐	♥
☐	♥

Notes:

Most Inspiring Quote:

Name of Allah to Reflect On:

**RAMADAN 7, 1442
(SUNDAY, APRIL 18, 2021)**

TASKS:	GOALS:
☐	★
☐	★
☐	★
☐	★
☐	★
☐	★
☐	
☐	**I'M GRATEFUL FOR:**
☐	♥
☐	♥
☐	♥
☐	♥

Notes:

Most Inspiring Quote:

Name of Allah to Reflect On:

RAMADAN 8, 1442
(MONDAY, APRIL 19, 2021)

TASKS:	GOALS:
☐ _____	★ _____
☐ _____	★ _____
☐ _____	★ _____
☐ _____	★ _____
☐ _____	★ _____
☐ _____	★ _____
☐ _____	
☐ _____	**I'M GRATEFUL FOR:**
☐ _____	♥ _____
☐ _____	♥ _____
☐ _____	♥ _____
☐ _____	♥ _____

Notes:

Most Inspiring Quote:

Name of Allah to Reflect On:

RAMADAN 9, 1442
(TUESDAY, APRIL 20, 2021)

TASKS:	GOALS:
☐	★
☐	★
☐	★
☐	★
☐	★
☐	★
☐	
☐	**I'M GRATEFUL FOR:**
☐	♥
☐	♥
☐	♥
☐	♥

Notes:

Most Inspiring Quote:

Name of Allah to Reflect On:

RAMADAN 10, 1442
(WEDNESDAY, APRIL 21, 2021)

TASKS:	GOALS:
☐	★
☐	★
☐	★
☐	★
☐	★
☐	★
☐	
☐	**I'M GRATEFUL FOR:**
☐	♥
☐	♥
☐	♥
☐	♥

Notes:

Most Inspiring Quote:

Name of Allah to Reflect On:

RAMADAN 11, 1442
(THURSDAY, APRIL 22, 2021)

TASKS:	GOALS:
☐ _____	★ _____
☐ _____	★ _____
☐ _____	★ _____
☐ _____	★ _____
☐ _____	★ _____
☐ _____	★ _____
☐ _____	
☐ _____	**I'M GRATEFUL FOR:**
☐ _____	♥ _____
☐ _____	♥ _____
☐ _____	♥ _____
☐ _____	♥ _____

Notes:

Most Inspiring Quote:

Name of Allah to Reflect On:

**RAMADAN 12, 1442
(FRIDAY, APRIL 23, 2021)**

TASKS:	GOALS:
☐	★
☐	★
☐	★
☐	★
☐	★
☐	★
☐	
☐	**I'M GRATEFUL FOR:**
☐	♥
☐	♥
☐	♥
☐	♥

Notes:

Most Inspiring Quote:

Name of Allah to Reflect On:

**RAMADAN 13, 1442
(SATURDAY, APRIL 24, 2021)**

TASKS:	GOALS:
☐ _____	★ _____
☐ _____	★ _____
☐ _____	★ _____
☐ _____	★ _____
☐ _____	★ _____
☐ _____	★ _____
☐ _____	
☐ _____	**I'M GRATEFUL FOR:**
☐ _____	♥ _____
☐ _____	♥ _____
☐ _____	♥ _____
☐ _____	♥ _____

Notes:

Most Inspiring Quote:

Name of Allah to Reflect On:

**RAMADAN 14, 1442
(SUNDAY, APRIL 25, 2021)**

TASKS:		GOALS:	
☐ _____		★ _____	
☐ _____		★ _____	
☐ _____		★ _____	
☐ _____		★ _____	
☐ _____		★ _____	
☐ _____		★ _____	
☐ _____			
☐ _____		**I'M GRATEFUL FOR:**	
☐ _____		♥ _____	
☐ _____		♥ _____	
☐ _____		♥ _____	
☐ _____		♥ _____	

Notes:

Most Inspiring Quote:

Name of Allah to Reflect On:

RAMADAN 15, 1442
(MONDAY, APRIL 26, 2021)

TASKS:	GOALS:
☐ _____	★ _____
☐ _____	★ _____
☐ _____	★ _____
☐ _____	★ _____
☐ _____	★ _____
☐ _____	★ _____
☐ _____	
☐ _____	I'M GRATEFUL FOR:
☐ _____	♥ _____
☐ _____	♥ _____
☐ _____	♥ _____
☐ _____	♥ _____

Notes:

Most Inspiring Quote:

Name of Allah to Reflect On:

**RAMADAN 16, 1442
(TUESDAY, APRIL 27, 2021)**

TASKS:	GOALS:
☐	★
☐	★
☐	★
☐	★
☐	★
☐	★
☐	
☐	**I'M GRATEFUL FOR:**
☐	♥
☐	♥
☐	♥
☐	♥

Notes:

Most Inspiring Quote:

Name of Allah to Reflect On:

RAMADAN 17, 1442
(WEDNESDAY, APRIL 28, 2021)

TASKS:	GOALS:
☐	★
☐	★
☐	★
☐	★
☐	★
☐	★
☐	
☐	**I'M GRATEFUL FOR:**
☐	♥
☐	♥
☐	♥
☐	♥

Notes:

Most Inspiring Quote:

Name of Allah to Reflect On:

RAMADAN 18, 1442
(THURSDAY, APRIL 29, 2021)

TASKS:	GOALS:
☐	★
☐	★
☐	★
☐	★
☐	★
☐	★
☐	
☐	**I'M GRATEFUL FOR:**
☐	♥
☐	♥
☐	♥
☐	♥

Notes:

Most Inspiring Quote:

Name of Allah to Reflect On:

RAMADAN 19, 1442
(FRIDAY, APRIL 30, 2021)

TASKS:	GOALS:
☐ _____	★ _____
☐ _____	★ _____
☐ _____	★ _____
☐ _____	★ _____
☐ _____	★ _____
☐ _____	★ _____
☐ _____	
☐ _____	**I'M GRATEFUL FOR:**
☐ _____	♥ _____
☐ _____	♥ _____
☐ _____	♥ _____
☐ _____	♥ _____

Event: Start looking for Laylat-ul-Qadr with late prayers

Notes:

Most Inspiring Quote:

Name of Allah to Reflect On:

**RAMADAN 20, 1442
(SATURDAY, MAY 1, 2021)**

TASKS:
- ☐ _____
- ☐ _____
- ☐ _____
- ☐ _____
- ☐ _____
- ☐ _____
- ☐ _____
- ☐ _____
- ☐ _____
- ☐ _____
- ☐ _____
- ☐ _____

GOALS:
- ★ _____
- ★ _____
- ★ _____
- ★ _____
- ★ _____
- ★ _____

I'M GRATEFUL FOR:
- ♥ _____
- ♥ _____
- ♥ _____
- ♥ _____

Notes:

Most Inspiring Quote:

Name of Allah to Reflect On:

**RAMADAN 21, 1442
(SUNDAY, MAY 2, 2021)**

TASKS:	GOALS:
☐	★
☐	★
☐	★
☐	★
☐	★
☐	★
☐	
☐	**I'M GRATEFUL FOR:**
☐	♥
☐	♥
☐	♥
☐	♥

Notes:

Most Inspiring Quote:

Name of Allah to Reflect On:

**RAMADAN 22, 1442
(MONDAY, MAY 3, 2021)**

TASKS:
- ☐ _____
- ☐ _____
- ☐ _____
- ☐ _____
- ☐ _____
- ☐ _____
- ☐ _____
- ☐ _____
- ☐ _____
- ☐ _____
- ☐ _____
- ☐ _____

GOALS:
- ★ _____
- ★ _____
- ★ _____
- ★ _____
- ★ _____
- ★ _____

I'M GRATEFUL FOR:
- ♥ _____
- ♥ _____
- ♥ _____
- ♥ _____

Notes:

Most Inspiring Quote:

Name of Allah to Reflect On:

**RAMADAN 23, 1442
(TUESDAY, MAY 4, 2021)**

TASKS:	GOALS:
☐ _____	★ _____
☐ _____	★ _____
☐ _____	★ _____
☐ _____	★ _____
☐ _____	★ _____
☐ _____	★ _____
☐ _____	
☐ _____	**I'M GRATEFUL FOR:**
☐ _____	♥ _____
☐ _____	♥ _____
☐ _____	♥ _____
☐ _____	♥ _____

Notes:

Most Inspiring Quote:

Name of Allah to Reflect On:

RAMADAN 24, 1442
(WEDNESDAY, MAY 5, 2021)

TASKS:	GOALS:
☐	★
☐	★
☐	★
☐	★
☐	★
☐	★
☐	
☐	**I'M GRATEFUL FOR:**
☐	♥
☐	♥
☐	♥
☐	♥

Notes:

Most Inspiring Quote:

Name of Allah to Reflect On:

**RAMADAN 25, 1442
(THURSDAY, MAY 6, 2021)**

TASKS:		GOALS:
☐ _____		★ _____
☐ _____		★ _____
☐ _____		★ _____
☐ _____		★ _____
☐ _____		★ _____
☐ _____		★ _____
☐ _____		
☐ _____		**I'M GRATEFUL FOR:**
☐ _____		♥ _____
☐ _____		♥ _____
☐ _____		♥ _____
☐ _____		♥ _____

Notes:

Most Inspiring Quote:

Name of Allah to Reflect On:

**RAMADAN 26, 1442
(FRIDAY, MAY 7, 2021)**

TASKS:	GOALS:
☐	★
☐	★
☐	★
☐	★
☐	★
☐	★
☐	
☐	**I'M GRATEFUL FOR:**
☐	♥
☐	♥
☐	♥
☐	♥

Notes:

Most Inspiring Quote:

Name of Allah to Reflect On:

RAMADAN 27, 1441
(SATURDAY, MAY 8, 2021)

TASKS:
- [ ]
- [ ]
- [ ]
- [ ]
- [ ]
- [ ]
- [ ]
- [ ]
- [ ]
- [ ]
- [ ]
- [ ]

GOALS:
- ★
- ★
- ★
- ★
- ★
- ★

I'M GRATEFUL FOR:
- ♥
- ♥
- ♥
- ♥

Event: Laylat-ul-Qadr

Notes:

Most Inspiring Quote:

Name of Allah to Reflect On:

**RAMADAN 28, 1442
(SUNDAY, MAY 9, 2021)**

TASKS:	GOALS:
☐	★
☐	★
☐	★
☐	★
☐	★
☐	★
☐	
☐	**I'M GRATEFUL FOR:**
☐	♥
☐	♥
☐	♥
☐	♥

Notes:

Most Inspiring Quote:

Name of Allah to Reflect On:

RAMADAN 29, 1442
(MONDAY, MAY 10, 2021)

TASKS:	GOALS:
☐	★
☐	★
☐	★
☐	★
☐	★
☐	★
☐	
☐	**I'M GRATEFUL FOR:**
☐	♥
☐	♥
☐	♥
☐	♥

Notes:

Most Inspiring Quote:

Name of Allah to Reflect On:

**RAMADAN 30, 1442
(TUESDAY, MAY 11, 2021)**

TASKS:	**GOALS:**
☐ _____	★ _____
☐ _____	★ _____
☐ _____	★ _____
☐ _____	★ _____
☐ _____	★ _____
☐ _____	★ _____
☐ _____	
☐ _____	**I'M GRATEFUL FOR:**
☐ _____	♥ _____
☐ _____	♥ _____
☐ _____	♥ _____
☐ _____	♥ _____

Notes:

"When all the hats fall, including the friendship, colleague and editor hats because of their duplicity, let them go." — Papatia Feauxzar

O Allah, bring this month of Shawwal upon us with security, iman, safety, Islam, your pleasure and protection from shaytan.

Name of Allah to Reflect On:

SHAWWAL 1, 1442
(WEDNESDAY, MAY 12, 2021)

TASKS:	GOALS:
☐ _____	★ _____
☐ _____	★ _____
☐ _____	★ _____
☐ _____	★ _____
☐ _____	★ _____
☐ _____	★ _____
☐ _____	
☐ _____	**I'M GRATEFUL FOR:**
☐ _____	♥ _____
☐ _____	♥ _____
☐ _____	♥ _____
☐ _____	♥ _____

Event: Eid al-Fitr

Notes:

"The soul knows. When someone gives you pause, it's either because the soul knows what you don't see about that person; whether it be greatness or great evil. The soul simply knows." — *Papatia Feauxzar*

Name of Allah to Reflect On:

SHAWWAL 2, 1442
(THURSDAY, MAY 13, 2021)

TASKS:	GOALS:
☐	★
☐	★
☐	★
☐	★
☐	★
☐	★
☐	
☐	**I'M GRATEFUL FOR:**
☐	♥
☐	♥
☐	♥
☐	♥

Event: Eid al-Fitr

Notes:

Most Inspiring Quote:

Name of Allah to Reflect On:

SHAWWAL 3, 1442
(FRIDAY, MAY 14, 2021)

TASKS:	GOALS:
☐	★
☐	★
☐	★
☐	★
☐	★
☐	★
☐	
☐	**I'M GRATEFUL FOR:**
☐	♥
☐	♥
☐	♥
☐	♥

Event: Eid al-Fitr

Notes: Start thinking about repaying missed fasts and fasting the six rewarding days of fast of the month of Shawwal.

Most Inspiring Quote:

Name of Allah to Reflect On:

**SHAWWAL 4, 1442
(SATURDAY, MAY 15, 2021)**

TASKS:	GOALS:
☐	★
☐	★
☐	★
☐	★
☐	★
☐	★
☐	
☐	**I'M GRATEFUL FOR:**
☐	♥
☐	♥
☐	♥
☐	♥

Notes:

Most Inspiring Quote:

Name of Allah to Reflect On:

SHAWWAL 5, 1442
(SUNDAY, MAY 16, 2021)

TASKS:
- [ ]
- [ ]
- [ ]
- [ ]
- [ ]
- [ ]
- [ ]
- [ ]
- [ ]
- [ ]
- [ ]
- [ ]

GOALS:
★
★
★
★
★
★

I'M GRATEFUL FOR:
♥
♥
♥
♥

Notes:

Most Inspiring Quote:

Name of Allah to Reflect On:

**SHAWWAL 6, 1442
(MONDAY, MAY 17, 2021)**

TASKS:	GOALS:
☐	★
☐	★
☐	★
☐	★
☐	★
☐	★
☐	
☐	**I'M GRATEFUL FOR:**
☐	♥
☐	♥
☐	♥
☐	♥

Notes:

Most Inspiring Quote:

Name of Allah to Reflect On:

**SHAWWAL 7, 1442
(TUESDAY, MAY 18, 2021)**

TASKS:	GOALS:
☐	★
☐	★
☐	★
☐	★
☐	★
☐	★
☐	
☐	**I'M GRATEFUL FOR:**
☐	♥
☐	♥
☐	♥
☐	♥

Notes:

Most Inspiring Quote:

Name of Allah to Reflect On:

**SHAWWAL 8, 1442
(WEDNESDAY, MAY 19, 2021)**

TASKS:
- ☐ _____
- ☐ _____
- ☐ _____
- ☐ _____
- ☐ _____
- ☐ _____
- ☐ _____
- ☐ _____
- ☐ _____
- ☐ _____
- ☐ _____
- ☐ _____

GOALS:
★ _____
★ _____
★ _____
★ _____
★ _____
★ _____

I'M GRATEFUL FOR:
♥ _____
♥ _____
♥ _____
♥ _____

Notes:

Most Inspiring Quote:

Name of Allah to Reflect On:

**SHAWWAL 9, 1442
(THURSDAY, MAY 20, 2021)**

TASKS:	GOALS:
☐ _____	★ _____
☐ _____	★ _____
☐ _____	★ _____
☐ _____	★ _____
☐ _____	★ _____
☐ _____	★ _____
☐ _____	
☐ _____	**I'M GRATEFUL FOR:**
☐ _____	♥ _____
☐ _____	♥ _____
☐ _____	♥ _____
☐ _____	♥ _____

Notes:

Most Inspiring Quote:

Name of Allah to Reflect On:

**SHAWWAL 10, 1442
(FRIDAY, MAY 21, 2021)**

TASKS:	GOALS:
☐	★
☐	★
☐	★
☐	★
☐	★
☐	★
☐	
☐	**I'M GRATEFUL FOR:**
☐	♥
☐	♥
☐	♥
☐	♥

Notes:

Most Inspiring Quote:

Name of Allah to Reflect On:

SHAWWAL 11, 1442
(SATURDAY, MAY 22, 2021)

TASKS:	GOALS:
☐	★
☐	★
☐	★
☐	★
☐	★
☐	★
☐	
☐	**I'M GRATEFUL FOR:**
☐	♥
☐	♥
☐	♥
☐	♥

Notes:

Most Inspiring Quote:

Name of Allah to Reflect On:

**SHAWWAL 12, 1442
(SUNDAY, MAY 23, 2021)**

TASKS:
- ☐ _____
- ☐ _____
- ☐ _____
- ☐ _____
- ☐ _____
- ☐ _____
- ☐ _____
- ☐ _____
- ☐ _____
- ☐ _____
- ☐ _____
- ☐ _____

GOALS:
- ★ _____
- ★ _____
- ★ _____
- ★ _____
- ★ _____
- ★ _____

I'M GRATEFUL FOR:
- ♥ _____
- ♥ _____
- ♥ _____
- ♥ _____

Notes:

Most Inspiring Quote:

Name of Allah to Reflect On:

**SHAWWAL 13, 1442
(MONDAY, MAY 24, 2021)**

TASKS:		GOALS:	
☐		★	
☐		★	
☐		★	
☐		★	
☐		★	
☐		★	
☐			
☐		**I'M GRATEFUL FOR:**	
☐		♥	
☐		♥	
☐		♥	
☐		♥	

Notes:

Most Inspiring Quote:

Name of Allah to Reflect On:

**SHAWWAL 14, 1442
(TUESDAY, MAY 25, 2021)**

TASKS:	GOALS:
☐	★
☐	★
☐	★
☐	★
☐	★
☐	★
☐	
☐	I'M GRATEFUL FOR:
☐	♥
☐	♥
☐	♥
☐	♥

Notes:

Most Inspiring Quote:

Name of Allah to Reflect On:

**SHAWWAL 15, 1442
(WEDNESDAY, MAY 26, 2021)**

TASKS:		GOALS:
☐		★
☐		★
☐		★
☐		★
☐		★
☐		★
☐		
☐		I'M GRATEFUL FOR:
☐		♥
☐		♥
☐		♥
☐		♥

Notes:

Most Inspiring Quote:

Name of Allah to Reflect On:

SHAWWAL 16, 1442
(THURSDAY, MAY 27, 2021)

TASKS:	GOALS:
☐ _____	★ _____
☐ _____	★ _____
☐ _____	★ _____
☐ _____	★ _____
☐ _____	★ _____
☐ _____	★ _____
☐ _____	
☐ _____	**I'M GRATEFUL FOR:**
☐ _____	♥ _____
☐ _____	♥ _____
☐ _____	♥ _____
☐ _____	♥ _____

Notes:

Most Inspiring Quote:

Name of Allah to Reflect On:

SHAWWAL 17, 1442
(FRIDAY, MAY 28, 2021)

TASKS:	GOALS:
☐	★
☐	★
☐	★
☐	★
☐	★
☐	★
☐	
☐	**I'M GRATEFUL FOR:**
☐	♥
☐	♥
☐	♥
☐	♥

Notes:

Most Inspiring Quote:

Name of Allah to Reflect On:

**SHAWWAL 18, 1442
(SATURDAY, MAY 29, 2021)**

TASKS:	GOALS:
☐	★
☐	★
☐	★
☐	★
☐	★
☐	★
☐	
☐	**I'M GRATEFUL FOR:**
☐	♥
☐	♥
☐	♥
☐	♥

Notes:

Most Inspiring Quote:

Name of Allah to Reflect On:

**SHAWWAL 19, 1442
(SUNDAY, MAY 30, 2021)**

TASKS:
- ☐ _____
- ☐ _____
- ☐ _____
- ☐ _____
- ☐ _____
- ☐ _____
- ☐ _____
- ☐ _____
- ☐ _____
- ☐ _____
- ☐ _____
- ☐ _____

GOALS:
- ★ _____
- ★ _____
- ★ _____
- ★ _____
- ★ _____
- ★ _____

I'M GRATEFUL FOR:
- ♥ _____
- ♥ _____
- ♥ _____
- ♥ _____

Notes:

Most Inspiring Quote:

Name of Allah to Reflect On:

**SHAWWAL 20, 1442
(MONDAY, MAY 31, 2021)**

TASKS:	GOALS:
☐	★
☐	★
☐	★
☐	★
☐	★
☐	★
☐	
☐	**I'M GRATEFUL FOR:**
☐	♥
☐	♥
☐	♥
☐	♥

Notes:

Most Inspiring Quote:

Name of Allah to Reflect On:

SHAWWAL 21, 1442
(TUESDAY, JUNE 1, 2021)

TASKS:	GOALS:
☐ _____	★ _____
☐ _____	★ _____
☐ _____	★ _____
☐ _____	★ _____
☐ _____	★ _____
☐ _____	★ _____
☐ _____	
☐ _____	**I'M GRATEFUL FOR:**
☐ _____	♥ _____
☐ _____	♥ _____
☐ _____	♥ _____
☐ _____	♥ _____

Notes:

Most Inspiring Quote:

Name of Allah to Reflect On:

SHAWWAL 22, 1442
(WEDNESDAY, JUNE 2, 2021)

TASKS:	GOALS:
☐	★
☐	★
☐	★
☐	★
☐	★
☐	★
☐	
☐	**I'M GRATEFUL FOR:**
☐	♥
☐	♥
☐	♥
☐	♥

Notes:

Most Inspiring Quote:

Name of Allah to Reflect On:

**SHAWWAL 23, 1442
(THURSDAY, JUNE 3, 2021)**

TASKS:		GOALS:	
☐		★	
☐		★	
☐		★	
☐		★	
☐		★	
☐		★	
☐			
☐		**I'M GRATEFUL FOR:**	
☐		♥	
☐		♥	
☐		♥	
☐		♥	

Notes:

Most Inspiring Quote:

Name of Allah to Reflect On:

**SHAWWAL 24, 1442
(FRIDAY, JUNE 4, 2021)**

TASKS:	GOALS:
☐	★
☐	★
☐	★
☐	★
☐	★
☐	★
☐	
☐	**I'M GRATEFUL FOR:**
☐	♥
☐	♥
☐	♥
☐	♥

Notes:

Most Inspiring Quote:

Name of Allah to Reflect On:

**SHAWWAL 25, 1442
(SATURDAY, JUNE 5, 2021)**

TASKS:
- ☐ _____
- ☐ _____
- ☐ _____
- ☐ _____
- ☐ _____
- ☐ _____
- ☐ _____
- ☐ _____
- ☐ _____
- ☐ _____
- ☐ _____
- ☐ _____

GOALS:
★ _____
★ _____
★ _____
★ _____
★ _____
★ _____

I'M GRATEFUL FOR:
♥ _____
♥ _____
♥ _____
♥ _____

Notes:

Most Inspiring Quote:

Name of Allah to Reflect On:

SHAWWAL 26, 1442
(SUNDAY, JUNE 6, 2021)

TASKS:
- [ ]
- [ ]
- [ ]
- [ ]
- [ ]
- [ ]
- [ ]
- [ ]
- [ ]
- [ ]
- [ ]
- [ ]

GOALS:
★
★
★
★
★

I'M GRATEFUL FOR:
♥
♥
♥
♥

Notes:

Most Inspiring Quote:

Name of Allah to Reflect On:

SHAWWAL 27, 1442
(MONDAY, JUNE 7, 2021)

TASKS:		GOALS:
☐ _____		★ _____
☐ _____		★ _____
☐ _____		★ _____
☐ _____		★ _____
☐ _____		★ _____
☐ _____		★ _____
☐ _____		
☐ _____		**I'M GRATEFUL FOR:**
☐ _____		♥ _____
☐ _____		♥ _____
☐ _____		♥ _____
☐ _____		♥ _____

Notes:

Most Inspiring Quote:

Name of Allah to Reflect On:

**SHAWWAL 28, 1441
(TUESDAY, JUNE 8, 2021)**

TASKS:	GOALS:
☐	★
☐	★
☐	★
☐	★
☐	★
☐	★
☐	
☐	**I'M GRATEFUL FOR:**
☐	♥
☐	♥
☐	♥
☐	♥

Notes:

Most Inspiring Quote:

Name of Allah to Reflect On:

**SHAWWAL 29, 1442
(WEDNESDAY, JUNE 9, 2021)**

TASKS:
- [ ]
- [ ]
- [ ]
- [ ]
- [ ]
- [ ]
- [ ]
- [ ]
- [ ]
- [ ]
- [ ]
- [ ]

GOALS:
★
★
★
★
★
★

I'M GRATEFUL FOR:
♥
♥
♥
♥

Notes:

"When your business hat also falls, block them no matter the amount of money you get from them. Show them that you don't worship money. Value your peace of mind more." — Papatia Feauxzar

O Allah, bring this month of Dhul-Qadah upon us with security, iman, safety, Islam, your pleasure and protection from shaytan.

Name of Allah to Reflect On:

**DHUL-QADAH 1, 1442
(THURSDAY, JUNE 10, 2021)**

TASKS:
- ☐ _____
- ☐ _____
- ☐ _____
- ☐ _____
- ☐ _____
- ☐ _____
- ☐ _____
- ☐ _____
- ☐ _____
- ☐ _____
- ☐ _____
- ☐ _____

GOALS:
- ★ _____
- ★ _____
- ★ _____
- ★ _____
- ★ _____
- ★ _____

I'M GRATEFUL FOR:
- ♥ _____
- ♥ _____
- ♥ _____
- ♥ _____

Notes:

"Sometimes, pass the smell of good smelling coffee. Your sanity and self-care highly depend on it." — Fofky

Name of Allah to Reflect On:

**DHUL-QADAH 2, 1442
(FRIDAY, JUNE 11, 2021)**

TASKS:	GOALS:
☐ _____	★ _____
☐ _____	★ _____
☐ _____	★ _____
☐ _____	★ _____
☐ _____	★ _____
☐ _____	★ _____
☐ _____	
☐ _____	**I'M GRATEFUL FOR:**
☐ _____	♥ _____
☐ _____	♥ _____
☐ _____	♥ _____
☐ _____	♥ _____

Notes:

Most Inspiring Quote:

Name of Allah to Reflect On:

**DHUL-QADAH 3, 1442
(SATURDAY, JUNE 12, 2021)**

TASKS:	GOALS:
☐ _____	★ _____
☐ _____	★ _____
☐ _____	★ _____
☐ _____	★ _____
☐ _____	★ _____
☐ _____	★ _____
☐ _____	
☐ _____	**I'M GRATEFUL FOR:**
☐ _____	♥ _____
☐ _____	♥ _____
☐ _____	♥ _____
☐ _____	♥ _____

Notes:

Most Inspiring Quote:

Name of Allah to Reflect On:

**DHUL-QADAH 4, 1442
(SUNDAY, JUNE 13, 2021)**

TASKS:	GOALS:
☐	★
☐	★
☐	★
☐	★
☐	★
☐	★
☐	
☐	**I'M GRATEFUL FOR:**
☐	♥
☐	♥
☐	♥
☐	♥

Notes:

Most Inspiring Quote:

Name of Allah to Reflect On:

**DHUL-QADAH 5, 1442
(MONDAY, JUNE 14, 2021)**

TASKS:	GOALS:
☐ _____	★ _____
☐ _____	★ _____
☐ _____	★ _____
☐ _____	★ _____
☐ _____	★ _____
☐ _____	★ _____
☐ _____	
☐ _____	**I'M GRATEFUL FOR:**
☐ _____	♥ _____
☐ _____	♥ _____
☐ _____	♥ _____
☐ _____	♥ _____

Notes:

Most Inspiring Quote:

Name of Allah to Reflect On:

**DHUL-QADAH 6, 1442
(TUESDAY, JUNE 15, 2021)**

TASKS:	GOALS:
☐	★
☐	★
☐	★
☐	★
☐	★
☐	★
☐	
☐	**I'M GRATEFUL FOR:**
☐	♥
☐	♥
☐	♥
☐	♥

Notes:

Most Inspiring Quote:

Name of Allah to Reflect On:

DHUL-QADAH 7, 1442
(WEDNESDAY, JUNE 16, 2021)

TASKS:	GOALS:
☐	★
☐	★
☐	★
☐	★
☐	★
☐	★
☐	
☐	**I'M GRATEFUL FOR:**
☐	♥
☐	♥
☐	♥
☐	♥

Notes:

Most Inspiring Quote:

Name of Allah to Reflect On:

**DHUL-QADAH 8, 1442
(THURSDAY, JUNE 17, 2021)**

TASKS:	GOALS:
☐	★
☐	★
☐	★
☐	★
☐	★
☐	★
☐	
☐	**I'M GRATEFUL FOR:**
☐	♥
☐	♥
☐	♥
☐	♥

Notes:

Most Inspiring Quote:

Name of Allah to Reflect On:

**DHUL-QADAH 9, 1442
(FRIDAY, JUNE 18, 2021)**

TASKS:	GOALS:
☐ _____	★ _____
☐ _____	★ _____
☐ _____	★ _____
☐ _____	★ _____
☐ _____	★ _____
☐ _____	★ _____
☐ _____	
☐ _____	**I'M GRATEFUL FOR:**
☐ _____	♥ _____
☐ _____	♥ _____
☐ _____	♥ _____
☐ _____	♥ _____

Notes:

Most Inspiring Quote:

Name of Allah to Reflect On:

**DHUL-QADAH 10, 1442
(SATURDAY, JUNE 19, 2021)**

TASKS:	GOALS:
☐	★
☐	★
☐	★
☐	★
☐	★
☐	★
☐	
☐	**I'M GRATEFUL FOR:**
☐	♥
☐	♥
☐	♥
☐	♥

Notes:

Most Inspiring Quote:

Name of Allah to Reflect On:

**DHUL-QADAH 11, 1442
(SUNDAY, JUNE 20, 2021)**

TASKS:	GOALS:
☐	★
☐	★
☐	★
☐	★
☐	★
☐	★
☐	
☐	**I'M GRATEFUL FOR:**
☐	♥
☐	♥
☐	♥
☐	♥

Notes:

Most Inspiring Quote:

Name of Allah to Reflect On:

DHUL-QADAH 12, 1442
(MONDAY, JUNE 21, 2021)

TASKS:	GOALS:
☐ _____	★ _____
☐ _____	★ _____
☐ _____	★ _____
☐ _____	★ _____
☐ _____	★ _____
☐ _____	★ _____
☐ _____	
☐ _____	**I'M GRATEFUL FOR:**
☐ _____	♥ _____
☐ _____	♥ _____
☐ _____	♥ _____
☐ _____	♥ _____

Notes:

Most Inspiring Quote:

Name of Allah to Reflect On:

DHUL-QADAH 13, 1442
(TUESDAY, JUNE 22, 2021)

TASKS:
- ☐ _____
- ☐ _____
- ☐ _____
- ☐ _____
- ☐ _____
- ☐ _____
- ☐ _____
- ☐ _____
- ☐ _____
- ☐ _____
- ☐ _____
- ☐ _____

GOALS:
- ★ _____
- ★ _____
- ★ _____
- ★ _____
- ★ _____
- ★ _____

I'M GRATEFUL FOR:
- ♥ _____
- ♥ _____
- ♥ _____
- ♥ _____

Notes:

Most Inspiring Quote:

Name of Allah to Reflect On:

**DHUL-QADAH 14, 1442
(WEDNESDAY, JUNE 23, 2021)**

TASKS:
- [ ]
- [ ]
- [ ]
- [ ]
- [ ]
- [ ]
- [ ]
- [ ]
- [ ]
- [ ]
- [ ]
- [ ]

GOALS:
★
★
★
★
★

I'M GRATEFUL FOR:
♥
♥
♥
♥

Notes:

Most Inspiring Quote:

Name of Allah to Reflect On:

**DHUL-QADAH 15, 1442
(THURSDAY, JUNE 24, 2021)**

TASKS:	GOALS:
☐	★
☐	★
☐	★
☐	★
☐	★
☐	★
☐	
☐	**I'M GRATEFUL FOR:**
☐	♥
☐	♥
☐	♥
☐	♥

Notes:

Most Inspiring Quote:

Name of Allah to Reflect On:

**DHUL-QADAH 16, 1442
(FRIDAY, JUNE 25, 2021)**

TASKS:	GOALS:
☐	★
☐	★
☐	★
☐	★
☐	★
☐	★
☐	
☐	**I'M GRATEFUL FOR:**
☐	♥
☐	♥
☐	♥
☐	♥

Notes:

Most Inspiring Quote:

Name of Allah to Reflect On:

**DHUL-QADAH 17, 1442
(SATURDAY, JUNE 26, 2021)**

TASKS:	GOALS:
☐	★
☐	★
☐	★
☐	★
☐	★
☐	★
☐	
☐	**I'M GRATEFUL FOR:**
☐	♥
☐	♥
☐	♥
☐	♥

Notes:

Most Inspiring Quote:

Name of Allah to Reflect On:

DHUL-QADAH 18, 1442
(SUNDAY, JUNE 27, 2021)

TASKS:	GOALS:
☐	★
☐	★
☐	★
☐	★
☐	★
☐	★
☐	
☐	**I'M GRATEFUL FOR:**
☐	♥
☐	♥
☐	♥
☐	♥

Notes:

Most Inspiring Quote:

Name of Allah to Reflect On:

**DHUL-QADAH 19, 1442
(MONDAY, JUNE 28, 2021)**

TASKS:	GOALS:
☐	★
☐	★
☐	★
☐	★
☐	★
☐	★
☐	
☐	**I'M GRATEFUL FOR:**
☐	♥
☐	♥
☐	♥
☐	♥

Notes:

Most Inspiring Quote:

Name of Allah to Reflect On:

DHUL-QADAH 20, 1442
(TUESDAY, JUNE 29, 2021)

TASKS:	GOALS:
☐	★
☐	★
☐	★
☐	★
☐	★
☐	★
☐	
☐	**I'M GRATEFUL FOR:**
☐	♥
☐	♥
☐	♥
☐	♥

Notes:

Most Inspiring Quote:

Name of Allah to Reflect On:

**DHUL-QADAH 21, 1442
(WEDNESDAY, JUNE 30, 2021)**

TASKS:	GOALS:
☐	★
☐	★
☐	★
☐	★
☐	★
☐	★
☐	
☐	**I'M GRATEFUL FOR:**
☐	♥
☐	♥
☐	♥
☐	♥

Notes:

Most Inspiring Quote:

Name of Allah to Reflect On:

**DHUL-QADAH 22, 1442
(THURSDAY, JULY 1, 2021)**

TASKS:
- [ ]
- [ ]
- [ ]
- [ ]
- [ ]
- [ ]
- [ ]
- [ ]
- [ ]
- [ ]
- [ ]
- [ ]

GOALS:
★
★
★
★
★
★

I'M GRATEFUL FOR:
♥
♥
♥
♥

Notes:

Most Inspiring Quote:

Name of Allah to Reflect On:

DHUL-QADAH 23, 1442
(FRIDAY, JULY 2, 2021)

TASKS:
- [ ]
- [ ]
- [ ]
- [ ]
- [ ]
- [ ]
- [ ]
- [ ]
- [ ]
- [ ]
- [ ]
- [ ]

GOALS:
- ★
- ★
- ★
- ★
- ★
- ★

I'M GRATEFUL FOR:
- ♥
- ♥
- ♥
- ♥

Notes:

Most Inspiring Quote:

Name of Allah to Reflect On:

**DHUL-QADAH 24, 1442
(SATURDAY, JULY 3, 2021)**

TASKS:	GOALS:
☐	★
☐	★
☐	★
☐	★
☐	★
☐	★

I'M GRATEFUL FOR:

♥
♥
♥
♥

Notes:

Most Inspiring Quote:

Name of Allah to Reflect On:

**DHUL-QADAH 25, 1442
(SUNDAY, JULY 4, 2021)**

TASKS:
- ☐ _____
- ☐ _____
- ☐ _____
- ☐ _____
- ☐ _____
- ☐ _____
- ☐ _____
- ☐ _____
- ☐ _____
- ☐ _____
- ☐ _____
- ☐ _____

GOALS:
- ★ _____
- ★ _____
- ★ _____
- ★ _____
- ★ _____
- ★ _____

I'M GRATEFUL FOR:
- ♥ _____
- ♥ _____
- ♥ _____
- ♥ _____

Notes:

Most Inspiring Quote:

Name of Allah to Reflect On:

**DHUL-QADAH 26, 1442
(MONDAY, JULY 5, 2021)**

TASKS:	GOALS:
☐	★
☐	★
☐	★
☐	★
☐	★
☐	★
☐	
☐	**I'M GRATEFUL FOR:**
☐	♥
☐	♥
☐	♥
☐	♥

Notes:

Most Inspiring Quote:

Name of Allah to Reflect On:

**DHUL-QADAH 27, 1442
(TUESDAY, JULY 6, 2021)**

TASKS:
- ☐ _____
- ☐ _____
- ☐ _____
- ☐ _____
- ☐ _____
- ☐ _____
- ☐ _____
- ☐ _____
- ☐ _____
- ☐ _____
- ☐ _____
- ☐ _____

GOALS:
- ★ _____
- ★ _____
- ★ _____
- ★ _____
- ★ _____
- ★ _____

I'M GRATEFUL FOR:
- ♥ _____
- ♥ _____
- ♥ _____
- ♥ _____

Notes:

Most Inspiring Quote:

Name of Allah to Reflect On:

**DHUL-QADAH 28, 1442
(WEDNESDAY, JULY 7, 2021)**

TASKS:	GOALS:
☐	★
☐	★
☐	★
☐	★
☐	★
☐	★
☐	
☐	**I'M GRATEFUL FOR:**
☐	♥
☐	♥
☐	♥
☐	♥

Notes:

Most Inspiring Quote:

Name of Allah to Reflect On:

**DHUL-QADAH 29, 1442
(THURSDAY, JULY 8, 2021)**

TASKS:	GOALS:
☐	★
☐	★
☐	★
☐	★
☐	★
☐	★
☐	
☐	**I'M GRATEFUL FOR:**
☐	♥
☐	♥
☐	♥
☐	♥

Notes:

Most Inspiring Quote:

Name of Allah to Reflect On:

**DHUL-QADAH 30, 1442
(FRIDAY, JULY 9, 2021)**

TASKS:
- [ ]
- [ ]
- [ ]
- [ ]
- [ ]
- [ ]
- [ ]
- [ ]
- [ ]
- [ ]
- [ ]
- [ ]

GOALS:
★
★
★
★
★
★

I'M GRATEFUL FOR:
♥
♥
♥
♥

Notes:

"Don't skip days in your shahada by celebrating non-Muslim events." — Papatia Feauxzar

O Allah, bring this month of Dhul-Hijjah upon us with security, iman, safety, Islam, your pleasure and protection from shaytan.

Name of Allah to Reflect On:

**DHUL-HIJJAH 1, 1442
(SATURDAY, JULY 10, 2021)**

TASKS:	GOALS:
☐ _____	★ _____
☐ _____	★ _____
☐ _____	★ _____
☐ _____	★ _____
☐ _____	★ _____
☐ _____	★ _____
☐ _____	
☐ _____	**I'M GRATEFUL FOR:**
☐ _____	♥ _____
☐ _____	♥ _____
☐ _____	♥ _____
☐ _____	♥ _____

Notes:

"Don't let people mistake your smiling face for dumbness or abuse your kindness. Simply put, don't let them gaslight you. Set them straight the minute they step on your toes." — Papatia Feauxzar

Name of Allah to Reflect On:

DHUL-HIJJAH 2, 1442
(SUNDAY, JULY 11, 2021)

TASKS:	GOALS:
☐	★
☐	★
☐	★
☐	★
☐	★
☐	★
☐	
☐	**I'M GRATEFUL FOR:**
☐	♥
☐	♥
☐	♥
☐	♥

Notes:

Most Inspiring Quote:

Name of Allah to Reflect On:

**DHUL-HIJJAH 3, 1442
(MONDAY, JULY 12, 2021)**

TASKS:	GOALS:
☐ _____	★ _____
☐ _____	★ _____
☐ _____	★ _____
☐ _____	★ _____
☐ _____	★ _____
☐ _____	★ _____
☐ _____	
☐ _____	**I'M GRATEFUL FOR:**
☐ _____	♥ _____
☐ _____	♥ _____
☐ _____	♥ _____
☐ _____	♥ _____

Notes:

Most Inspiring Quote:

Name of Allah to Reflect On:

DHUL-HIJJAH 4, 1442
(TUESDAY, JULY 13, 2021)

TASKS:	GOALS:
☐	★
☐	★
☐	★
☐	★
☐	★
☐	★
☐	
☐	**I'M GRATEFUL FOR:**
☐	♥
☐	♥
☐	♥
☐	♥

Notes:

Most Inspiring Quote:

Name of Allah to Reflect On:

**DHUL-HIJJAH 5, 1442
(WEDNESDAY, JULY 14, 2021)**

TASKS:	GOALS:
☐	★
☐	★
☐	★
☐	★
☐	★
☐	★
☐	
☐	**I'M GRATEFUL FOR:**
☐	♥
☐	♥
☐	♥
☐	♥

Notes:

Most Inspiring Quote:

Name of Allah to Reflect On:

**DHUL-HIJJAH 6, 1442
(THURSDAY, JULY 15, 2021)**

TASKS:	GOALS:
☐	★
☐	★
☐	★
☐	★
☐	★
☐	★
☐	
☐	**I'M GRATEFUL FOR:**
☐	♥
☐	♥
☐	♥
☐	♥

Notes:

Most Inspiring Quote:

Name of Allah to Reflect On:

DHUL-HIJJAH 7, 1442
(FRIDAY, JULY 16, 2021)

TASKS:	GOALS:
☐	★
☐	★
☐	★
☐	★
☐	★
☐	★
☐	
☐	I'M GRATEFUL FOR:
☐	♥
☐	♥
☐	♥
☐	♥

Notes:

Most Inspiring Quote:

Name of Allah to Reflect On:

DHUL-HIJJAH 8, 1442
(SATURDAY, JULY 17, 2021)

TASKS:	GOALS:
☐ _____	★ _____
☐ _____	★ _____
☐ _____	★ _____
☐ _____	★ _____
☐ _____	★ _____
☐ _____	★ _____
☐ _____	
☐ _____	**I'M GRATEFUL FOR:**
☐ _____	♥ _____
☐ _____	♥ _____
☐ _____	♥ _____
☐ _____	♥ _____

Event: Hajj Begins

Notes:

Most Inspiring Quote:

Name of Allah to Reflect On:

**DHUL-HIJJAH 9, 1442
(SUNDAY, JULY 18, 2021)**

TASKS:	GOALS:
☐	★
☐	★
☐	★
☐	★
☐	★
☐	★
☐	
☐	**I'M GRATEFUL FOR:**
☐	♥
☐	♥
☐	♥
☐	♥

Notes:

Most Inspiring Quote:

Name of Allah to Reflect On:

**DHUL-HIJJAH 10, 1442
(MONDAY, JULY 19, 2021)**

TASKS:
- ☐ _____
- ☐ _____
- ☐ _____
- ☐ _____
- ☐ _____
- ☐ _____
- ☐ _____
- ☐ _____
- ☐ _____
- ☐ _____
- ☐ _____
- ☐ _____

GOALS:
- ★ _____
- ★ _____
- ★ _____
- ★ _____
- ★ _____
- ★ _____

I'M GRATEFUL FOR:
- ♥ _____
- ♥ _____
- ♥ _____
- ♥ _____

Event: Arafat

Notes:

Most Inspiring Quote:

Name of Allah to Reflect On:

DHUL-HIJJAH 11, 1442
(TUESDAY, JULY 20, 2021)

TASKS:
- ☐ _____
- ☐ _____
- ☐ _____
- ☐ _____
- ☐ _____
- ☐ _____
- ☐ _____
- ☐ _____
- ☐ _____
- ☐ _____
- ☐ _____
- ☐ _____

GOALS:
- ★ _____
- ★ _____
- ★ _____
- ★ _____
- ★ _____
- ★ _____

I'M GRATEFUL FOR:
- ♥ _____
- ♥ _____
- ♥ _____
- ♥ _____

Event: Eid al-Adha

Notes:

Most Inspiring Quote:

Name of Allah to Reflect On:

**DHUL-HIJJAH 12, 1442
(WEDNESDAY, JULY 21, 2021)**

TASKS:	GOALS:
☐	★
☐	★
☐	★
☐	★
☐	★
☐	★
☐	
☐	**I'M GRATEFUL FOR:**
☐	♥
☐	♥
☐	♥
☐	♥

Event: Hajj Ends

Notes:

Most Inspiring Quote:

Name of Allah to Reflect On:

DHUL-HIJJAH 13, 1442
(THURSDAY, JULY 22, 2021)

TASKS:	GOALS:
☐	★
☐	★
☐	★
☐	★
☐	★
☐	★
☐	
☐	**I'M GRATEFUL FOR:**
☐	♥
☐	♥
☐	♥
☐	♥

Notes:

Most Inspiring Quote:

Name of Allah to Reflect On:

**DHUL-HIJJAH 14, 1442
(FRIDAY, JULY 23, 2021)**

TASKS:	GOALS:
☐ _____	★ _____
☐ _____	★ _____
☐ _____	★ _____
☐ _____	★ _____
☐ _____	★ _____
☐ _____	★ _____
☐ _____	
☐ _____	**I'M GRATEFUL FOR:**
☐ _____	♥ _____
☐ _____	♥ _____
☐ _____	♥ _____
☐ _____	♥ _____

Notes:

Most Inspiring Quote:

Name of Allah to Reflect On:

**DHUL-HIJJAH 15, 1442
(SATURDAY, JULY 24, 2021)**

TASKS:	GOALS:
☐ _____	★ _____
☐ _____	★ _____
☐ _____	★ _____
☐ _____	★ _____
☐ _____	★ _____
☐ _____	★ _____
☐ _____	
☐ _____	**I'M GRATEFUL FOR:**
☐ _____	♥ _____
☐ _____	♥ _____
☐ _____	♥ _____
☐ _____	♥ _____

Notes:

Most Inspiring Quote:

Name of Allah to Reflect On:

**DHUL-HIJJAH 16, 1442
(SUNDAY, JULY 25, 2021)**

TASKS:	GOALS:
☐	★
☐	★
☐	★
☐	★
☐	★
☐	★
☐	
☐	**I'M GRATEFUL FOR:**
☐	♥
☐	♥
☐	♥
☐	♥

Notes:

Most Inspiring Quote:

Name of Allah to Reflect On:

**DHUL-HIJJAH 17, 1442
(MONDAY, JULY 26, 2021)**

TASKS:	GOALS:
☐	★
☐	★
☐	★
☐	★
☐	★
☐	★
☐	
☐	I'M GRATEFUL FOR:
☐	♥
☐	♥
☐	♥
☐	♥

Notes:

Most Inspiring Quote:

Name of Allah to Reflect On:

DHUL-HIJJAH 18, 1442
(TUESDAY, JULY 27, 2021)

TASKS:	GOALS:
☐	★
☐	★
☐	★
☐	★
☐	★
☐	★
☐	
☐	**I'M GRATEFUL FOR:**
☐	♥
☐	♥
☐	♥
☐	♥

Notes:

Most Inspiring Quote:

Name of Allah to Reflect On:

**DHUL-HIJJAH 19, 1442
(WEDNESDAY, JULY 28, 2021)**

TASKS:	GOALS:
☐	★
☐	★
☐	★
☐	★
☐	★
☐	★
☐	
☐	**I'M GRATEFUL FOR:**
☐	♥
☐	♥
☐	♥
☐	♥

Notes:

Most Inspiring Quote:

Name of Allah to Reflect On:

**DHUL-HIJJAH 20, 1442
(THURSDAY, JULY 29, 2021)**

TASKS:	GOALS:
☐	★
☐	★
☐	★
☐	★
☐	★
☐	★
☐	
☐	**I'M GRATEFUL FOR:**
☐	♥
☐	♥
☐	♥
☐	♥

Notes:

Most Inspiring Quote:

Name of Allah to Reflect On:

DHUL-HIJJAH 21, 1442
(FRIDAY, JULY 30, 2021)

TASKS:	GOALS:
☐	★
☐	★
☐	★
☐	★
☐	★
☐	★
☐	
☐	I'M GRATEFUL FOR:
☐	♥
☐	♥
☐	♥
☐	♥

Notes:

Most Inspiring Quote:

Name of Allah to Reflect On:

**DHUL-HIJJAH 22, 1442
(SATURDAY, JULY 31, 2021)**

TASKS:	GOALS:
☐	★
☐	★
☐	★
☐	★
☐	★
☐	★
☐	
☐	**I'M GRATEFUL FOR:**
☐	♥
☐	♥
☐	♥
☐	♥

Notes:

Most Inspiring Quote:

Name of Allah to Reflect On:

DHUL-HIJJAH 23, 1442
(SUNDAY, AUGUST 1, 2021)

TASKS:		GOALS:
☐		★
☐		★
☐		★
☐		★
☐		★
☐		★
☐		
☐		**I'M GRATEFUL FOR:**
☐		♥
☐		♥
☐		♥
☐		♥

Notes:

Most Inspiring Quote:

Name of Allah to Reflect On:

**DHUL-HIJJAH 24, 1442
(MONDAY, AUGUST 2, 2021)**

TASKS:
- [ ]
- [ ]
- [ ]
- [ ]
- [ ]
- [ ]
- [ ]
- [ ]
- [ ]
- [ ]
- [ ]
- [ ]

GOALS:
- ★
- ★
- ★
- ★
- ★
- ★

I'M GRATEFUL FOR:
- ♥
- ♥
- ♥
- ♥

Notes:

Most Inspiring Quote:

Name of Allah to Reflect On:

**DHUL-HIJJAH 25, 1442
(TUESDAY, AUGUST 3, 2021)**

TASKS:
- [ ]
- [ ]
- [ ]
- [ ]
- [ ]
- [ ]
- [ ]
- [ ]
- [ ]
- [ ]
- [ ]
- [ ]

GOALS:
- ★
- ★
- ★
- ★
- ★
- ★

I'M GRATEFUL FOR:
- ♥
- ♥
- ♥
- ♥

Notes:

Most Inspiring Quote:

Name of Allah to Reflect On:

**DHUL-HIJJAH 26, 1442
(WEDNESDAY, AUGUST 4, 2021)**

TASKS:
- ☐ _____
- ☐ _____
- ☐ _____
- ☐ _____
- ☐ _____
- ☐ _____
- ☐ _____
- ☐ _____
- ☐ _____
- ☐ _____
- ☐ _____
- ☐ _____

GOALS:
- ★ _____
- ★ _____
- ★ _____
- ★ _____
- ★ _____
- ★ _____

I'M GRATEFUL FOR:
- ♥ _____
- ♥ _____
- ♥ _____
- ♥ _____

Notes:

Most Inspiring Quote:

Name of Allah to Reflect On:

DHUL-HIJJAH 27, 1442
(THURSDAY, AUGUST 5, 2021)

TASKS:
- ☐ _____
- ☐ _____
- ☐ _____
- ☐ _____
- ☐ _____
- ☐ _____
- ☐ _____
- ☐ _____
- ☐ _____
- ☐ _____
- ☐ _____
- ☐ _____

GOALS:
- ★ _____
- ★ _____
- ★ _____
- ★ _____
- ★ _____
- ★ _____

I'M GRATEFUL FOR:
- ♥ _____
- ♥ _____
- ♥ _____
- ♥ _____

Notes:

Most Inspiring Quote:

Name of Allah to Reflect On:

**DHUL-HIJJAH 28, 1442
(FRIDAY, AUGUST 6, 2021)**

TASKS:
☐ _____
☐ _____
☐ _____
☐ _____
☐ _____
☐ _____
☐ _____
☐ _____
☐ _____
☐ _____
☐ _____
☐ _____

GOALS:
★ _____
★ _____
★ _____
★ _____
★ _____
★ _____

I'M GRATEFUL FOR:
♥ _____
♥ _____
♥ _____
♥ _____

Notes:

Most Inspiring Quote:

Name of Allah to Reflect On:

**DHUL-HIJJAH 29, 1442
(SATURDAY, AUGUST 7, 2021)**

TASKS:	GOALS:
☐	★
☐	★
☐	★
☐	★
☐	★
☐	★
☐	
☐	**I'M GRATEFUL FOR:**
☐	♥
☐	♥
☐	♥
☐	♥

Notes:

Wish: Happy Muslim Year 1443 AH!

"A year has already gone by and to me, it's still unbelievable yet." — Sue Roy

www.ingramcontent.com/pod-product-compliance
Lightning Source LLC
Chambersburg PA
CBHW022057090426
42743CB00008B/635